最善の結果を得るための思考プロセスを知りなさい

意思決定を間違わない人の習慣術

中島一
Nakajima Hajime

KAWADE
夢新書

河出書房新社

カバーイラスト◉U・G・サトー
本文イラスト◉皆川幸輝

意思決定を間違わない人の習慣術／目次

プロローグ

「手順をふんで考える」ことがすべての成功につながる

1

最善の結果を導きだす「意思決定の手順」とは

2 何のために、何を決めるのか。「目的」を明確にする技法

3
目的を達成して、どんな成果を得るのか。「目標、狙い」を定める技法

4 目標実現の「案」を並べて「最適案」を選択する技法

5
最適案の「リスク」を洗いだし万全の対策を講じる技法

6
「実行計画」を立て、ぬかりなく「リスクマネジメント」する技法

7 「自分の意思決定」と「他者の意思決定」をうまく調整する技法

エピローグ

意思決定能力を武器にして人生の夢もつかみ取ろう

プロローグ

「手順をふんで考える」ことがすべての成功につながる

明確な目的意識なき行動は無意味であり、失敗に終わる

ある課題を前にして、いかに最善の結果を得るかは、ひと言でいえば、「明確な目的意識をもって正しく思考、判断し、それを行動に移すことができるか否《いな》か」に尽《つ》きるのではないでしょうか。

それは、毎日の仕事のさまざまな選択や判断、決断はもちろんのこと、転職や結婚といった人生の節目となる大きな決心、さらには「飲んだ次の日もまた飲むか、それとも早く帰って家族サービスをするか」といった日常レベルでの小さな決定についても同様です。

何をやるにしても、「何のために」という明確な目的意識をもって、いかに行動するかを

考えることを日々習慣づけているか、あるいは、あいまいな気持ちのまま、行き当たりばったりで行動するかによって、その後の仕事や人生は大きく明暗を分けることになるのは間違いありません。

ここに紹介する、ふたりの男性の事例は、そのことを如実《にょじつ》に示しています。

知人のX氏は、東京の一流とされる大学を優秀な成績で卒業し、大手の電気メーカーに入社して以来、同期のトップを走り続け、40歳早々に課長に特別昇格。エンジニアとして、華々しい実績を積み重ねていました。

しかし、彼が管理職になって間もないころ、事態は一変しました。会社の長期業績低迷を受けて、リストラがはじまり、X氏の課にも表向き希望退職というかたちで、実際に何人かを退職させるように上部から強い指示がきました。自部門のノルマを達成せんがために節操《せっそう》なき行動に出る上司たちを目の当たりにし、X氏は働く気力を失ってしまいました。

そのとき、以前から漠然《ばくぜん》と考えてきた田舎暮らしへの想いが、急にふつふつと湧《わ》いてきました。毎年夏休みに、八ヶ岳のふもとのペンションに奥さんと子供をつれて過ごすようになって数年がたちます。来るたびに、青い空と白い雲の下に堂々と連なる峰々を見て、この景色のなかで、農業でもしながら晴耕雨読《せいこううどく》で過ごせたら、どんなに楽しいだろうかと思っていました。奥さんもやさしい方で、X氏の提案に快《こころよ》く賛同してくれました。

X氏は「野菜は自然食品の店でしか買わない」というほど、野菜の質にこだわる人でした。「これからは毎日、自分が有機栽培や無農薬栽培でつくったトマトやレタスを家族で食べられる」と喜びを噛《か》みしめていました。

まず、住宅と田んぼ、畑を探しました。奥さんの希望もあって、リゾート地にいまは空き家となっている元ペンションを、また、そこから車で片道30分ほどの八ヶ岳の麓《ふもと》近くの絶景の土地をすぐさま購入しました。

さて、それからが大変でした。土地に生えた雑草は手作業で刈り取ることは不可能です。トラクターやフォークリフトなど農機具がないとまったく手に負えないことがわかり中古を買いましたが、運転が自動車の操作より難しいうえ、慣《な》れたころには故障続き。小さな土地を耕すだけで、数か月たってしまいました。ようやく農地らしくなったと思ったら、ある晩、八ヶ岳から強風が吹き、耕した表土が全部飛ばされてしまう始末。冬が到来し、土は凍りついて、来春にならなければ土地は再生できそうにありません。

さらに愕然《がくぜん》としたのは、有機肥料を使う場合、化学肥料なら50キロですむところを、1トントラック分を2回も播《ま》かなければならなかったことです。当然、散布機なしでは不可能。もちろん自前での調達は無理です。また、近くの畜産家が肥料を提供してくれなければ、運搬料が高くて採算が合わない。いっぽう、無農薬野菜については、日本ではジャガイモと玉ねぎ以外には現実には存在しないことがわかりました。

彼は、自然農法で生きると大見得《おおみえ》をきった手前、ここで引き下がれないと考え、翌春、自然農法で田舎暮らしを実践しているというある人物を長野の南部に訪ねました。

畑を見て呆然《ぼうぜん》としました。雑草のなかに、粟《あわ》や稗《ひえ》がまぎれるように生えていて、家は朽《く》ちており、奥さんは身体をこわして故郷の東京へ。近所からは、「農薬を使わないのは畑で害虫生産をしているのと一緒」と、追いたてをくらっているとのことでした。まるで仙人といった風貌《ふうぼう》を見て、これでは子供を育てられないと翻意《ほんい》することにしました。それでやむなく、農業指導員の指導を受けることにしたのです。

しかし、その結果も悲惨《ひさん》でした。農業指導員は、その地区の特産物づくりを勧《すす》めます。主品目はレタスでしたが、そのための土壌づくりに翌年中かかり、ようやくできたときには、大雨で畑が崩れて流され、3年目にようやく出荷できるようになったときには、供給過剰で生産組合が買ってくれず、泣く泣く畑に埋めこむ始末。そのころには資金も底をつき、見通しが立たないので融資も受けられず、一家は山を降りて東京にもどりました。

退職奨励金やそれまで子供の教育費として貯蓄していたお金が消えてなくなり、ペンションまで考えたリゾート住宅は投げ売り、借金返済を抱えながらアパート暮らしをすることになりました。X氏は現在、介護センターの従業員になっています。

先を見据えて行動する習慣が夢の実現につながる

次は、もうひとつの事例です。M氏は35歳、神戸の大学を出て、食品会社に勤めました。入社して6年がたったころ、「自分で責任をとれる仕事をやりたい」と一念発起《いちねんほっき》し、農業の世界に足を踏み入れました。農業分野が、自由化の波でより厳しくなることを知り、「厳しいところにこそチャンスがあるのではないか」と考えた末の決断でした。

当初から、農業にたいする考え方は、あくまでビジネスとして位置づけていました。事業として農業を研究しているうちに、全国新規就農センターという組織が情報をくれて相談に乗ってくれることがわかり、そこでいろいろなケースを学びました。

農業を事業として行なうということは、家族を養うということを含めて、自分がすべての責任を負うことになります。農業や田舎暮らしをすることと産業として農業をとらえることは、まったく「目的」が異なること、そして自分は後者を「目的として選択する」ことを決意しました。であるならば、作物をつくって満足するだけでなく、経営として成り立つことを考えなければなりません。長期にわたって収益を確保するために、何をどこでどの程度の規模で生産すべきかという「案」を明確にしなければならないと考えました。また、それは自分の所有資金が許す範囲での選択でなければなりません。

経営・栽培計画、資材購入計画、販売計画、技術の導入・開発計画、設備計画、財務計画など、一般の企業が必要とする業務目標をすべて設定して、そのうえで目標を可能にしてくれる立地選択案の適切性が求められると判断しました。

彼がいちばん重要視したのがマーケティングで、顧客が確実に存在しているという「狙いどころ」を満たす農産品を生産することにしました。タバコの葉をＪＴに、大根を京都の漬物屋に、甘藷《かんしょ》は直販市場にと決め、バランスがとれた収入を目指すことにしました。

くわえて彼が重視したのは、奥さんと小さい子供が安全に暮らせるという条件でした。京都の丹後《たんご》地区の入植地がこれらの条件に適合していました。独立準備には3年かけましたが、就業2年目にして粗収入は１８００万円を超え、冬には家族でスキー三昧《ざんまい》の楽しく充実した生活を送っています。

意思決定を「間違える人」と「間違わない人」の差はどこにあるか

ふたりの対照的な事例を紹介しました。ひとりは傷を負い目的を達成できず、もうひとりは用意周到に夢を実現しました。しかし彼らは、知識、体力、性格、資金力、家族構成など多くの点で、違いはありませんでした。ただ唯一、決定的に違ったのが、「狙いを明確に定め、正しい手順をふんで行動したかどうか」ということです。

X氏の八ヶ岳に行く動機は、現状からの逃避、田舎暮らしという漠然とした夢、自然農業という思想、収入獲得手段としての農業などが混沌《こんとん》としており、焦点(目的)があいまいです。これが土地選択にあたっての「狙い」を不明確にし、結果的に思いつきの「案」を選んでしまっています。土地を買ってから、とてつもない困難の連続に直面しました。

つまり、このX氏は日ごろから、自分が意思を固め行動を起こすときの「正しい思考プロセス」をきちんと意識する習慣がなかったため、こうした大きな決断を要する場面においても、自分のなかで盛りあがった雰囲気にまかせて、やみくもに行動したのです。このような人は、いつも「なんとなく」行動してしまいますから、望ましい思考や行動のパターンが自分のなかに累積化されず、毎回のように同じ失敗を繰り返すことになります。

いっぽうのM氏は、意思決定が明確です。自立した経営体としての農業を営むという目的が定まっているので、そのうえで、どこに狙いを定めて目的を実現するのかという経営計画をつくり、それを実行するための最善の選択肢として、就農地を選びました。

ようするに、このM氏は、サラリーマン時代から、何をやるにしても「目的ははっきりしているか」「どこに狙いを定めるのか」「目的を実現するうえでの最善の案は何か」「リスクはどうするか」といった、目的達成にいたるプロセスを頭のなかで描いたうえで行動する習慣をもっていたため、こうした人生の転機においても、普段どおりの考え方を適用して、問題を解決し、夢を実現できたわけです。

私たちの日常は、「何かを考え、行動を起こす」ことの繰り返しですから、そのすべてにおいて、いちいち振り返ったり、検証するようなことは現実的には難しいでしょう。

しかし、思考のプロセスを軽視している、あるいは、その存在にすら気づいていないために、いかに多くの〝無駄な失敗〟が積み重ねられているかと思うと、やはり〝正しい思考法〟の存在を知ってほしい、そして、根拠のない〝気分〟に左右されることなく、自分の経験を「法則化」する努力を重ねてほしいと切に願うのです。

「意思決定の手順」をマスターすれば仕事も人生ももっとうまくいく

私は、「意思決定」のアナリストとして、長年にわたって、企業や官公庁のコンサルタント業務を行なってきました。物事には手順があること、そして、その手順をふめば最善の結果が確実に得られるということを指導してきましたが、この考え方を素直に受け入れ、習慣的に実践された方々は、みな仕事の能力が格段にアップし、リーダーシップが身につき、仕事ばかりか、プライベートもはるかに充実するようになったと一様にいわれます。

「つねに思考の手順をたどりながら行動するので、論理的思考力が飛躍的にアップする」

「手順に沿って他人の意見や情報を聞き入れ、また手順にもとづいて相手に説明できるようになるので、コミュニケーション能力が増し、積極的な人間関係がもてるようになる」

「目的を達成すべく知恵をしぼり続けていると、どこかでかならず困難なカベを打ち破る経験がもてる。それが自信となり、仕事力がつき、簡単にはあきらめない心が根づく」

読者のみなさんにも、早くこうした実感をおもちいただきたい――。そのためのノウハウを、これからひとつずつご紹介していきましょう。

1 最善の結果を導きだす「意思決定の手順」とは

およそ仕事とは「意思決定をして、実行し、結果を出す」ことです。したがって、意思決定を間違わないことが何より重要になります。ここでは、論理的でシンプルな誰もが確実にマスターできる「正しい思考法」の全体像を身近な事例に則しながら解説していきます。

私たちは時々刻々「意思決定」をしている

「意思決定」という言葉は、何か特別なときに構えてやるような堅苦しい印象を与えます。ある書道の大家は展覧会作品を物《もの》するときに、冷水を桶《おけ》で三杯、頭からかぶって精神統一をするといいますが、そのくらいの大げさなイメージを与えかねません。

意思決定は、英語の「デシジョン・メイキング」に該当する言葉です。デシジョン・メイキングは「判断」「選択」という意味ですから、人生を揺るがすような大きな決定にも使われますし、昼食を何にするかというような単純な決定にも使われます。

デシジョン・メイキングの手順では、ケプナー・トリゴー・メソッドが有名です。チャールズ・ケプナーとベンジャミン・トリゴーの両心理学博士が、1970年代に開発したものです。ふたりは、世界で著名な科学者や経営者に面接調査をするなかで、優れた人たちには、意思決定についての共通する思考と行動特性があることを発見しました。

その特徴は、

(1) 自分自身の意思決定の手順について説明することができる

(2) その手順は、どれも複雑でなくシンプルである
(3) 大きなことでも小さなことでも、決定するときには同じ手順を使う

ということでした。

私たちは、朝起きてから夜寝るまでの間、たえず「行動」していますが、条件反射的な、あるいは習慣化された行動以外については、意思決定活動を繰り返しながら行動しています。ふだんとはちがう経路で会社に行くことがあるかもしれないし、電車に乗るさいに車両を何番目にするかを日によって変えるかもしれないし、お昼の弁当を通勤途中で買うかもしれないし、会社に着くなりお茶を飲むかもしれないし……といったふうに、そのつど意思決定をしていると思います。私は自分の意思決定回数を数えたことがありますが、平均すると3分に1回は意思決定をしていました。そのなかで、じっくり考え込むような意思決定は1日平均4~5回はありました。

「思考の手順をふむ」とはどういうことか

無数の意思決定をするのに、いちいち手順を変えていたのでは、手順を記憶するだけで

も大変です。かといって、あまりシンプルすぎても、手順としての価値がありません。手順は、大切なところを考え落としてしまわないように、要所を押さえるために必要だからです。

手順という意味がわかりにくいかもしれませんので、簡単に説明します。

STEP①「**意思決定する**」➡STEP②「**行動する**」

これが、いちばん簡単な手順の記述です。しかしこれでは、意思決定について何をどんな手順で考えればよいか、具体的にはわかりません。そこで、STEP①をもうすこし細かく見てみます。

STEP①「**候補案を用意する**」➡STEP②「**最適案を選択する**」➡STEP③「**行動する**」

これで、意思決定の姿がだいぶ見えてきました。いくつか候補案があるなかから最適の案を選ぶことだとわかります。いつもこうして物事を考えていけば、何でもシンプルに解決できます。何かを決めたいときには、案をいくつか用意するということを習慣化することです。

しかし、これでは簡単すぎないか、どうやって案を選択するかわからないではないか、という人が出てきます。選択の基準（物差し）をつくるべきではないか、という考えを出します。

それならば、ということで、

STEP①　　　　　STEP②　　　　　STEP③　　　　　STEP④
「候補案を用意する」↓「選択基準をつくる」↓「最適案を選択する」↓「行動する」

という手順ができました。

本田技研工業では、創立以来、自社流の意思決定手順をつくり、思考を進める手順の共有化を進めています。それはユニークかつ実践的です。

A0（STEP①）　A00（STEP②）　A000（STEP③）
「目的の設定」↓「目標の設定」↓「手段の選択」

「目的」は最終の到達ゴール、「目標」はゴールにいたる条件、そして「手段」は実際の行動や手段をいいます。社員の間では、A0かA00かなどと暗号のようにして話し合いながら、意思決定を進めます。どんな意思決定も、これで手順処理ができるのです。

本章で述べる意思決定手順は、このくらいにシンプルで簡潔な手順です。

事例研究① 意思決定が遅々として進まない理由

日本の意思決定は世界でもケタはずれに遅いことで有名です。手続き、前例、根回しなどが積み重なり、稟議《りんぎ》で承認印が役員の数ほどそろわないと何も決まらないといわれてきました。最近は、権限委譲や手続き簡素化などが進められていますが、それでも遅さは変わっていません。

どうして変わらないのでしょうか。

調べてみると、意思決定の手順は、まったくといってよいほど、稟議過程で意識されていないことがわかりました。STEPが不明瞭《ふめいりょう》ですから、誰がどのSTEPに責任をもつかが決まっていません。したがって、誰もがどのSTEPにたいしてもつねに反対できるのです。

日本企業の稟議の最大の関心事は、どのような順序で偉い方々の承認を得ていくかということです。意思決定の手順より、承認伺い手順のほうが重要視されているのです。承認伺い手順は、上層部の人間関係によって複雑怪奇な回路となっており、結果として社内調整に莫大《ばくだい》な手間がかかり、意思決定が遅くなります。

「思い込み」を防ぐには〝思考の道具〟が欠かせない

人間は、自分の好みの案に固執する傾向があります。かつてうまくいったことが忘れられず、きちんと考える前に、それしかないと勝手に思い込んでしまうのです。思い込んだら百年目で、たとえ天地がひっくり返ろうとも自説を曲げない人がいて、しばしば仕事の進行の障害になります。過去の成功体験に引きずられて、経営に痛手を与えた経営者はたくさんいます。成功体験が企業を滅ぼすのは、成功者の過去の案への固執が強いからです。

このように、過去の体験を絶対化する人間の習性があるからこそ、自分の思い込みに気づき、客観的な判断に立って自分を軌道修正することができる〝仕掛け〟が必要となるのです。海で気分よく泳いでいると、知らぬ間に沖のほうに流されてしまって、驚き慌《あわ》てることがありますが、警戒船が指摘してくれれば、そうなる前に戻ることができます。

意思決定の手順は、自分が自分の案に酔っているときに警戒警報を出してくるので、ときおり邪魔をされたような気になるものです。手順などなくても、自分の考えは正しいのだから余計なちょっかいを出さないでくれ、とついつい思ってしまいます。

某企業で、工場が危機におちいっており、何とか新製品を出さなければならない状況がありました。技術志向でつくった電子部品があって、これを何とか商品として売り出したいという思いが、工場の上層部の人たちの間に満ちていました。

私は、その工場の依頼を受けて、新製品を選ぶ基準づくりを手伝いました。選択基準には、売り先が明確に設定されていること、という条件が盛り込まれましたが、不幸にもその部品は売り先が見えておらず、基準に適合していませんでした。論理的に否定されたわけです。

私は夜中にたたき起こされて、自分たちが必死の思いでつくった案を認めないのかと迫られましたが、こんなときこそ手順に頼らないと危険ですよと諭《さと》しました。そして、もっと早くから意思決定の手順を適用していれば、こんなことにはならずにすんだことを理解してもらいました。

先が見えない時ほど
手順を意識する

この工場は、困難ではありましたが、選択基準に合った新しい案づくりに果敢《かかん》に挑み、困難を乗り越えて、みごとに立ち直りました。案を選択する前に、選択基準をつくるということは当たり前のことなのですが、それがついおろそかになってしまうのです。したがって、シンプルな手順の繰り返しと、その習慣化が必要になるのです。

事例研究② ホンダに見る手順遵守の徹底教育

ホンダのＣＶＣＣエンジンを開発し、ホンダの危機を救った久米是志《ただし》元社長は、意思決定手順の鬼といわれました。久米氏が研究所所長時代につくった意思決定手順書はホンダの技術開発マニュアルとして使われ、今でも門外不出となっています。

内容はシンプルそのもので、基本的には目的、目標、手段を体系的に因果関係で整理することを求めたものでした。彼は、部下からの報告がこの体系に沿って説明されないと本気で叱り飛ばし、所長室からすぐ外に追い出したそうです。所長室に誰かが入っていくと、何分耐えられるかが話題になるくらいに、即刻追い出される人が多かったそうで、つまり、それほどまでにシンプルな手順を追うことが容易ではないことを、徹底して教育されていたのです。

最善の結果を導きだす「5つの思考プロセス」とは

先に紹介したケプナーとトリゴー両博士の開発したメソッドは、NASA(アメリカ航空宇宙局)で取り入れられたのち、世界各国の優良企業に燎原《りょうげん》の火のごとく広がりました。「シンプルで使いやすく、かつ意思決定手順の要《かなめ》となるところを外さずに押さえている」「この手順どおりに意思決定を進めていけば、大きな間違いを避けることができる」という評判が世界中に広まり、開発から40年が経過した今でも、世界の有数の企業で日常的に活用されています。

ふたりは、約1000人もの各界を代表するような人たちの意思決定方法を面接調査するうちに、デキる人たちの思考特性が見えてきました。

・物事を考えるとき、何について考えるかを決めてから考える
・どのような手順で考えるかを決める
・手順をふんで考え、いっときにあれこれ考えない

・与えられた時間のなかで、今日はどこまでを考えるかを決めてから考える
・基本的には、原因と結果の論理的なつながりを立証しようとしている
・案の選択とは、将来の得たい成果（結果）に向けての今日の手段（原因）づくりである

彼らは、意識的にシンプルな思考手順をもとうと努力しており、その習慣化を心がけていました。偉大な人たちは、この思考手順を繰り返すことによって偉大な成果を残したのです。

しかも、さらに驚いたのは、この偉大な人たちでさえ、自分の好みの案に溺《おぼ》れて手順をふむことを忘れ、大変な失敗をしてしまうことがあるということでした。

ふたりは、偉大な方々に共通する意思決定の手順を、次のように抽出整理しました。

STEP① 何のために何を決めたいのかを明らかにする（目的と決定事項）
STEP② 何を達成すれば決定事項が実現するのかを明らかにする（期待する成果＝目標）
STEP③ 目標を実現するための案を複数挙げ、最適案を選ぶ（案の選択）
STEP④ 最適案を実行するさいのリスクを予測し、対策を用意する（リスク対策）
STEP⑤ 選択した案を実行し、所期の目的を達成する（実行）

【意思決定5つのSTEP】

いかがですか。STEP①〜③は、ホンダの「目的—目標—手段」という手順とほぼ同じですね。トリゴーとケプナー博士が発見したのも、いかに多くの偉大な方々が、この手順を着実にふんでいるかということでした。マジックではなく、当たり前のことをシンプルに単純に追いかけているという発見に、ふたりは意思決定手順の有効性についての意を強めました。

手順をマスターするにはやはりトレーニングが必要

最初にNASAで、組織の共通の意思決定ステップとしてこの考え方が導入されたとき、皆がわかったような気がしてすぐ使ってみたのですが、意外にも、慣れるまでには訓練が必要だということが明らかになりました。10回くらい自分のテーマで使ってみるとわかりやすく、その後の使用はスムーズでしたが、最初の7〜8回くらいまではどうしても手順どおりに使いこなせない人が多かったのです。

意思決定手順は理屈では理解できるのですが、実際に使おうとすると、頭が手順どおりに走っていかなくて、後段のSTEPから考え出したり、同時にいくつものSTEPを周回したりする頭のクセが影響するからです。「STEP BY STEP（ひとつずつ手段をふんでいく）」ということに慣れていないから、あるSTEPにいるときに、その先のSTEPが心配になり集中することができない習性がついているのです。結論が気にかかり、頭が好みの案でリードされたりもします。

スポーツをなさる方ならわかりますね。余計なところに力が入り、肝心なときには力を使い果たしてしまっているのと同じです。ゴルフの例でいえば、テークバックのときとか、ダウンスウィングでは、いっさい腕に力を入れてはならず、ボールをたたく瞬間に力が集中すべきなのですが、テークバックの時点から力が入ってしまう、つまり、まだ打つ瞬間ではないのにテークバックから打ちにいってしまうのです。

恋人との初デートのさいも、余分なところに力が入ってしまうという話を聞きました。聞かれもしないのに、自分のことをしゃべりまくり、揚げ句の果てには理想の結婚生活やその準備まで話して帰ってきて、家に着いた途端に「しまった！」と思ったが後の祭り。次回こそはシナリオどおりうまくやるぞと思っても、また同じ失敗を繰り返してしまうそうです。

意思決定も、力が抜けるまでは同じようなことが起きてしまうのです。

事例研究③ 意思決定手順を軽視した会社の末路

ある会社で意思決定手順を導入し、人事登用にこれを適用しました。マネジャーは自分の推挙する人材に自信たっぷりでしたが、この手順を使うと、どうしても自分の思う案が否定されてしまいます。彼はこの手順に疑問を抱きはじめました。

やがて場面が変わって、今度は新製品の選択にこの手順を採用しました。ここでも彼の推薦する案は否定されました。なんというメソッドだ、こんな手順に付き合うことはできないと、彼はこの手順を使わないように会社に働きかけました。彼は有力者であったので、この会社は彼の意見に従い、やがて会社自体が恣《し》意《い》的な意思決定で流されることになりました。

ＳＴＥＰ①〜⑤をさらに詳しく見てみよう

この先に進むために、もうすこし各ＳＴＥＰの追加説明をしておきます。読んでわかりにくいところがありましたら、読み飛ばしてもらって結構です。あとから自分のテーマを取り扱うさいに、参考に見返してください。

STEP❶……目的と決定事項を明らかにする

決定事項には、かならず目的があります。目的とは、検討されている課題について意思決定がなされて行動に移された結果、この決定について最終的に得たい成果です。目的とは、目指す標的という語源からきています。狙った的《まと》と言い換えることもできます。

決定事項には、かならずこの目的が定められていなければなりません。目的地のない航海は、漂流しているのと同じですが、決定事項に目的がなければ、あてなく大海原をさまようようなものです。何かを決めるときには、〝なぜ〟〝何のために〟この決定が必要なのかを確認しましょう。

たとえば、夏期休暇に家族旅行をするプランを選択する、という決定事項には、何のために家族旅行をするのか？　という目的が必要です。一生忘れることのない家族団らんの思い出をつくりたいという目的があり、そのための家族旅行をしたいのだということであれば、「一家だんらんの思い出をつくるために、夏期休暇に家族旅行をするプランを選択する」という〈目的＋決定事項〉の記述ができ、これならば誰もがこの決め事の趣旨《しゅし》を誤りなく理解できるようになります。

STEP❷……選択基準／期待成果を明らかにする

目的が明らかになったところで、それでは目的を実現するためにはどんなことが達成されていたらよいかを考えます。目に焼きつくような美しい景色に囲まれて過ごせること、家族がばらばらにならず、ずっと一緒に行動できること、舌に残るような美味な食事を楽しめること、夜にはゆっくりと家族だけで思い出話や将来の夢を語りあえる機会がもてること、などが達成できれば、目的は実現できるでしょう。

このように、STEP②では、目的を実現するために、どのようなことを達成したいか、どんな成果を期待するかを具体化していきます。達成目標や期待成果は、STEP③で考える候補案づくりや、候補案を選択する基準としても働きます。

選択基準／期待成果の質は、案の発想を刺激する大切な要素です。本書では、硬い言葉を避けるために、今後、STEP②を「目標／狙いどころ」という用語を用います。

STEP❸……候補案の作成と最適案の選択を行なう

目標／狙いどころを満たす具体的な案を考えていきます。目に焼きつく景色には、海や湖があるところなどの案が考えられるでしょうし、ずっと一緒にいられるという目標では、周りに目移りしそうな観光地がないほうがよいという案になるでしょう。

このように、目標ごとに案を並べて、それらを組み合わせていくと、いくつかのコースが候補案として出てくるでしょう。このなかから、目標／狙いどころを総合的にもっともよく満たす案を選択することになります。

STEP❹……最適案を実行する際のリスクを予測し、対策を用意する

選んだ案は、実行に移されなければなりません。たとえば、北海道パック旅行であれば、天候が悪くてせっかくの景色が見えないとか、宿がいっぱいで見晴らしのいい部屋をとれないとか、まさかと思われた熊に襲われるとか、疲労で体調を崩すとか、リスクはたくさん考えられるでしょう。対策とは、そのようなことが起きないよう、また起きてしまっても当初の狙いが達成できるよう、手を尽くして準備しておくことです。

STEP❺……選択した案を実行に移し、所期の目的を達成する

実行には、「実行計画」があると成功率が高まります。キメ細かい案の調整やリスク対策を運営しやすくなります。当初の予定どおりに事が運ぶことはまずないので、実行には、付随する意思決定過程がともないます。

北海道旅行を実行するならば、毎日の行き先や行程についての細かい計画とリスク対応計画をつくり、それをにらみながら旅をすることになります。

意思決定手順がわかる実践トレーニング〈その1〉——クルマ選びの場合

では、まず簡単なケースからはじめてみましょう。

◉意思決定のケース・スタディ

Aさんの家庭では、乗っていた乗用車が古くなったために、いよいよ買い替えが必要となりました。奥さんは、小型でブルーの外車がよいと考えています。大学生の息子は、友達と山に出かけるのに便利な四駆がほしいと思っています。Aさんは、耐久性のある大きな車がよいと考えています。なかなか議論がまとまらなくて困っています。予算は180万円以内に抑えたいと考えています。

これを、意思決定手順で処理してみましょう。

STEP❶……目的と決定事項を明らかにする

「家族で使える新しい乗用車を選択する」。これは決定事項として明快です。では、どうしてこの決定が必要になったのか？　古くなった車を買い替えるにあたって、家族の意見が異なります。誰かの意見だけを優先すれば、シコリを残します。新しく車を買うのですから、家族３人がそれなりに納得できることが大切です。

購入目的は、「向こう数年間、家族３人が満足感を味わって使えること」。したがって、目的と決定事項は、「家族３人が向こう数年間、それぞれの充足感をもって使用することができる、新しい家族用乗用車を選択する」となります。

STEP❷……目標／狙いどころを明らかにする

奥さんは、小型でブルーの車がよいといいます。それは、都心を走っているときのシャレた感じが好きだからです。息子は四駆がほしいといいます。それは、パワーとグリップの走りの感触がほしいからです。Ａさんは耐久性がある大きな車。それは、故障が起きにくく、車内が静かな走りがほしいからです。

予算は１８０万円以内と決まっています。

以上を整理すると、

・都心を走るときのシャレた感じがほしい
・旅に出かけたとき、パワーとグリップの感触がほしい

・故障が起きないこと
・車内が静かであること
・予算が１８０万円以内であること
となります。

STEP❸……候補案を挙げて、最適案を選ぶ

ここからは、車屋さんをまわって、この狙いを見せて、それぞれの店から、もっとも狙いに合ったものを勧めてもらうことになります。その結果、次のような案が出てきたとしましょう。

・外国産小型車新車
・国産ＲＶ小型車新車
・外国産中型車５年落ち

狙いどころについて、各案の充足度を調べて、狙いどころをいちばん多く満たしている案を選びます。

STEP❹……最適案のリスクを予測し、対策を用意する

外国産中型車５年落ちが、シャレているし、走りの感覚があるし、車内も静かで最適案になったとしましょう。では、この車を使うことのリスクは何でしょうか。

・中古車には、前に使った人によって、当たり外れができてしまう
・故障したときの修理費が高い
・旅行中の故障への対応が十分ではない

そこで、次のような対策をとります。

・購入時に、前にどんな人が使っていたかを徹底して調べ、慎重に試乗する
・故障時の修理費についての約定を細かく読み、詳細な条件を取り決めておく
・国内の修理ステーションのマップをつねに携帯し、行き先の対応力を調べておく

STEP❺……実行計画を立てて、実行する

「同型車の店頭在庫調査」→「候補店と在庫車の特定」→「試乗」→「条件交渉」→「契約」

とくに、何店かまわって調べてから決めること。最初の案に飛びつかないことがとても重要です。

実際に車を買うときには、もっと多くの狙いどころや案が出てくるでしょう。狙いどころのどれに重きを置くかの議論も出てきます。目標に重みづけをして、重視する重みを浮き立たせることも必要となるでしょう。

意思決定手順がわかる実践トレーニング〈その２〉——お見合いをセットする場合

これは、本当にあった話です。

◉意思決定のケース・スタディ

Ｂさんの会社は、筑波に研究所があります。危うく婚期を失しそうな35歳前後の研究技術者（男性）が大勢います。

いっぽう、彼の勤務する東京支社には、同じく適齢期に入った女子社員がいっぱいいて、誰か紹介してくださいよと頼まれます。

これまでに何回かお見合いをセットしたのですが、こればかりは相性があって成功する確率は大変低いので、何かよい方法はないかと考えています。彼が面倒見がよいことを知っている管理職や、もちろん本人たちも直接彼に依頼をしにくるケースもあり、それがかなりの数たまってしまいました。

多忙の合間をぬって、家に帰ると写真と経歴書を眺めては組み合わせを考えてみる

――のですが、ぴったりくる組み合わせへの自信が出てきません。とりあえず急がなければならないと思われる対象が、男女合わせて30名います。

Bさんは、論理的意思決定手順の仕事への活用では、すでに達人の域に達しています。生産システムの改革については、全国的にも知る人ぞ知る著名人です。彼は意思決定の手順が、このお見合いにも活用できないかと考え、さっそく試みてみました。

STEP❶……目的と決定事項を明らかにする

自分は今、頼まれたお見合い写真を男女合わせて30人分もっています。みなさんがこのなかの誰かと最高な出会いを実現してほしい。したがって、決めるべきことは、30人がもっともよい出会いをできる方法を選択するということになります。

ところで今回、彼らは何のために出会いを求めるのでしょうか。

今回の出会いの趣旨は、これまで彼らが繰り返してきたであろう、漠然とした王子様お姫様探しという夢物語でよいはずがありません。もっとちがった目的もあるはずです。結婚は、ある意味では現実との妥協ですので、彼らの年齢から考えて、時間はあまり残されていません。今すぐにでも〝現実〟を理解してもらう必要があります。

とすれば、紹介者の立場としては、「現実に目覚め、2年以内に結婚する決意を固めてもらうということ」を今回の企画の「目的」とすべきことになります。

そこでBさんは、「30人の男女が現実に目覚め、2年以内に結婚する決意を固めるために、おのおのが最良の出会いを実現する方法を選択すること」を目的と決定事項としました。

STEP❷……目標／狙いどころを明らかにする

30人が現実に目覚めてもらうという「目的」は、どうすれば実現できるでしょうか。厳しい言い方をすれば、自分にたいする他人の評価を自覚できることではないでしょうか。また、結婚生活について、何が本当に大切なのかをゆっくりと考えてみる時間をもつことも必要です。

そこで、次のような目標／狙いどころを設定しました。

・結婚生活について、何が本当にパートナーに求められるかをじっくり考える機会となる
・自分にたいする結婚相手から見たパートナー資質について自覚ができる
・2年以内に結婚しようという決意を固める（潮時を知ることができる）
・できるだけ多くの人と話し合いがもてて、コミュニケーションが深められる
・どんな相手であっても、その人のよさに深く気づくことができる

STEP❸……候補案を挙げて、最適案を選ぶ

当初Bさんは、これなら気が合うかもしれないという組み合わせを自分でつくり、それぞれに写真と経歴書を送ろうとしましたが、それでは目標が達成できないことに気づき、全員に、自分の結婚観、パートナーへの要望、自分のパートナーとしての資質を書いてもらい、匿名《とくめい》で全員分を公表することにしました。お姫様王子様現象からの脱皮への刺激として有効と考えたからです。

そのうえで、30人が一堂に会する場を設け、興味のある相手については、当人が承諾すれば、誰が書いたものであるかを知らせるようにしました。

このようにして、ひとまとまりの案をつくりましたが、とくに対抗案がなさそうであったので、これで進めることにしました。

STEP❹……最適案についてのリスクを考える

この案でのいちばんの問題は、男女とも特定の人に人気が集まってしまうおそれがあることです。当初の案では、この人と付き合ってみたいという申し込みがBさんに寄せられ、その後Bさんが仲立ち役を務めることになっています。

しかしこれでは、申し込みが少なかった人、ぜんぜんなかった人はあまりいい気分はし

ないでしょう。また、申し込んだのに順番があとというのも、何だか嫌な気分がします。そこで、Bさんは、双方からの申し込みが合致した場合だけ仲立ち役をすると宣言しました。そうすれば、誰にどれだけの申し込みがあったかはわかりません。

STEP❺……実行計画を立てて、実行する

結果として5組がゴールインしました。それぞれ、幸せな家庭を築いているそうです。

Bさんはこういいました。

「けっきょく、家庭をもちたいということは、子供がほしい、話し合える自分の家族がほしいということなのであって、素敵な物語を夢見ることではありません。目的を設定したら、目的に沿って狙いどころを現実的に考えることが大切です。私の役割は、少年少女の夢から目覚めて、新しい旅立ちにふさわしい現実的な狙いどころに気づかせることです。意思決定の手順で考えた結果、30人が一時に出会うというよい方法が見つかりました」

意思決定手順がわかる実践トレーニング〈その3〉——資格選びの場合

5つの手順は、シンプルであり、頭のなかでも追いかけることができます。人間の脳は、

7項目までは、なんとか覚えることができるといいます。ですから、電車に乗りながらでも、5つのステップくらいは、反復訓練すれば、きちんと覚えることができるはずです。

しかし、ちょっと複雑なテーマを取り上げますと、各STEPに入れる中身が重たくなってきますので、記憶が難しくなってきます。複雑なテーマでは、狙いに沿って案を評価するところが、頭のなかだけでは情報が処理しにくくなるのです。そこで視覚化をはかることにします。情報相互間の関係を見やすくするためには、一覧表の形にして1枚のシートにまとめておくと大変便利です。

さっそく、次のケースについて視覚化を試みてみましょう。

◉意思決定のケース・スタディ

C子さんは、ある小さな事務所で、補助事務を担当しています。人間関係もよく、学校を出てからなんとなくここで過ごしてしまい、数年がたちました。

最近、このままでよいのかと漠然とした不安を感じるようになり、自分自身のプロフェッション（プロとして認められる専門知識や経験）をもたなければならないと考えるようになりました。同窓の友達も、いろいろな資格を取りはじめたり、学校に入り直したりしているという話を聞いて、刺激を受けています。考えがまとまらないので、本で学んだ意思決定手順を使って、検討をはじめました。

STEP❶……目的と決定事項を明らかにする

決定事項は、「自分のプロフェッションにつながる勉強のアイテムを決める」ということですが、これではちょっと表現が硬いでしょう。プロになるということですが、プロというのもよくわかりません。そこで、「自分のキャリアアップにつながる学習講座を選択する」と言い換えてみます。

また、「目的は?」と自問したところ、「その学科習得を生かして、3年後には専門職として認められる仕事に移りたい」という、これまでは漠然としていた夢を、自分の言葉で表現できてうれしくなりました。正直、胸がときめきました。

結論は、「3年後に専門職として認められ転職するために、自分のキャリアアップにつながる学習講座を選択する」となりました。

STEP❷……目標／狙いどころを明らかにする

なにしろ小さな事務所ですから、勉強が仕事の妨《さまた》げにならないようにしなければなりません。夜と休日を使ってできることが条件でしょう。

勉強は、好き嫌いがあるほうです。性格に合ったものを選ばないと、途中で投げ出してしまうおそれがあります。3年以内には、学習成果がそれなりに認められ、それなりのキャリアアップにつながるような講座であることは、目的から考えていちばん重要なことでしょう。できれば、選んだ道に、その先さらに上級資格を得られる可能性が広がっていてほしいと思います。

STEP❸……候補案を挙げて、最適案を選ぶ

C子さんは、自分が勉強したいと思っていることが結構たくさんあったことに、あらためて驚きました。英語が好きだったので、TOEIC（国際コミュニケーション英語能力テスト）800点をクリアして、国際関係の仕事をしたい。友達が税理士試験に受かったのだが、受かる前から会計事務所の仕事に転職できるそうだ。IT関係の初級システムアドバイザーもおもしろそうだ。コンピュータも嫌いではない。中小企業診断士になって、父親のやっている会社を支援できるかもしれない、などなど。

STEP❹……最適案のリスクを予測し、対策を用意する

教科書では、最適案についてだけリスクを考えるようになっていますが、せっかくですから、全部の案についてリスクを考えてみましょう。

TOEIC対策は、とにかく時間がかかると聞きます。毎日3時間やっても3年はかかるでしょう。鬼になってやらなければ合格できません。税理士試験は、経験が必要となるので、どこか会計事務所での仕事が見つからないと不利になります。初級システムアドバイザーは、学校に通えばなんとかなりそうですが、就職試験であまり有利になるとは思えません。中小企業診断士も、勉強の内容を理解するのが大変で、そうとう頑張らなければならないでしょう。父親にバレたら、嫁に行けといわれそうです。

さあ、ここまでのところを、見やすいように1枚のシートにして、視覚化してみましょう（次ページ参照）。

どうでしょうか。このように手順をワンシートに収めてみると、自分の考えていることが一目瞭然《いちもくりょうぜん》となり、ステップ間の因果関係、関連性というものが見えてきます。はっきりといえること、あいまいにしかいえないこともわかります。いったん視覚化しておいてから、「目的は本当にこれでよいのか」「目標はしっかり定まっているといえるか」「案はこれだけでよいか」「リスク予測は甘くないか」などと検討を進めることができます。

表のなかで、◎、○、△、×、?が入っていますが、これは、候補案が、目標／狙いど

決定事項：３年後に専門職として認められ転職するために、キャリアアップにつながる学習講座を選択する

案① TOEIC	案② 税理士	案③ 初級システムアドバイザー	案④ 中小企業診断士

目標／狙いどころ	案①	案②	案③	案④
３年以内にキャリアアップ転職ができる	◎	○	△	?
今の仕事に支障を与えない	○	○	◎	○
性格に合い、継続できる	◎	△	○	?
さらなるキャリアアップの道につながる	◎	◎	△/○	○

	リスクの予測	リスク対策
案① TOEIC	毎日の猛勉強が続かない	鬼になり計画を実行
案② 税理士	実習の会計事務所が見つからない	受講先から紹介を得る
案③初級システムアドバイザー	資格を取っても就職先が見つけにくい	さらなる勉強をする決意が必要
案④ 中小企業診断士	勉強の中身が体験的に理解できない	よい指導者を探す

◎ 80%以上　○ 60%以上　△ 40%以上　×39%以下　？不明

ころをどの程度達成しようとしているかを評価したものです。ただし、この記号は、日本人の間だけで通用する記号ですから、外国人とこの手順を使うときには、記号のかわりにHigh、Medium、Lowを使用してください。

手順を「質問形」にすればラクに確実に覚えられる

これまで学習してきたステップを、もっと簡単に覚えて、毎日使えるようにすることで、反復訓練ができ、あなたの意思決定力はみるみる向上していきます。

STEP①……目的と決定事項を問う質問
「何を決めたいのですか？　なぜこの決定が必要なのですか？」
STEP②……目標／狙いどころを問う質問
「狙いは何に置くのですか？」
STEP③……候補案を挙げ、最適案を選ぶ質問
「どんな案がありますか？　どれがいちばんよさそうですか？」
STEP④……リスクと対策を問う質問

「その案を実行したら、どんなまずいことが起きそうですか？　それにたいして打つ手が用意できますか？」

STEP⑤……最適案の実行を問う質問

「決定したら、どのような計画で実行に移しますか？」

これを、もっと簡単にすれば、次のようになります。

「何を決めるの？」

「狙いは何？」

「ほかに案はないの？」

「何かまずいことは起きないの？」

これは4つですね。このほうが覚えやすいでしょう。さっそく手帳に書いて、10回見直してみてください。そうすれば、今後、絶対に忘れることはないはずです。

上に立つ人間ほどよき「質問者」たれ

地位が上がっていけばいくほど、自分の専門以外のことについても意思決定を迫られるようになります。あなたが経理の専門家であったとしても、社長になればITの投資や技術開発についての意思決定をしなければなりません。細かい内容まで理解しようと思えば、その道の専門家と同じ経験と知識を得なければならないことになり、意思決定のタイミングを逃《のが》してしまいます。

事実、某社の社長は、自分がわからないことを決めるわけにはいかないと、いちいちすべてを勉強していたために、決裁がたまりすぎて業績が悪化してしまいました。

パソコンは、ブラックボックスです。なかを開ければ、部品が詰まっていますが、部品のなかさえも今やブラックボックスです。オペレーションソフトもブラックボックスで、技術者といえどもすべてを理解している人はいません。それでも、意思決定者はつくったり買ったりの判断ができるのです。狙いどころやリスクを押さえておきさえすれば、コンピュータチップスのなかまで覗《のぞ》かなくても、間違いを起こさない意思決定ができます。

質問は、相手が何をどう考えたかの筋道を、素早く追いかけてフォローすることに役立ちます。毎日のように起きる意思決定のミスをチェックしてみると、多くの意思決定において、目的や決定事項が不明なままで案の検討がはじまっていたり、目標／狙いどころが一般論やあるべき姿論で構成されていたり、案が偏って独りよがりであったり、リスクが想定されていなかったりします。

つまり、手抜きの状態で案の検討が先行しているという実態があります。私の推定では、意思決定の50%以上はどこかのSTEPをまるごと飛ばしていると考えてよいでしょう。そこで、優秀な経営者や管理者は、鋭い質問で、各STEPの検討が行なわれたかどうかを聞き出さなければならないのです。

事例研究④ 決裁処理がヒントになって社内改革に成功

某企業の社長のお話です。

社長のところには、山ほどの決裁依頼が毎日上がってきます。依頼部署は、なんとか印鑑を押してもらいたいので、それぞれ分厚い書類をつけてきます。社長が社内決裁に使える時間は、あってもせいぜい一日2時間ですから、全部を読んだり聞いたりする時間はあ

質問を投げかけることは思考プロセスの確認になる

りません。

そんなわけで、これまでは人による判断をしていました。彼なら、このような案件はこなせるだろうとか、彼にはこの案件は無理だろうとか、無理な場合には誰が検討メンバーに入っているだろうか、などと担当する人で判断するのです。こうしてみると、本当に仕事を安心して任せられる人は、優秀な人材の集まる大手企業でも数えるほどしかいないということになり、ある案件をやりたくても彼らの手が空くまでは我慢しなければ、と思うことが多かったのです。

意思決定手順についての質問法は、この難しい問題をかなり改善してくれることになりました。この質問法を、中庸《ちゅうよう》の能力の提案者に繰り返し行なうことによって、社長の質問がどこにくるかを皆が考えてくれるようになりました。

最初は、何のためにこれを決めるの？　という質問に答えられない人が多かったのですが、今では皆が決定目的をはっきりさせてから上申《じょうしん》するようになり、狙いの質や案の範囲についてのレベルも向上してきました。

私との議論は主としてリスク予測だけに集中すればよくなり、意思決定のスピードが格段に速くなりました。

読者のみなさんが、そろそろリーダー的立場に立つころになると、この質問は部下を育成するうえでの抜群の道具となります。仕事だけでなく、子供たちの育成にも大いに役立ちます。子供たちは、友達に引きずられて同じようなものを買いたがりますが、目的や目標を考えさせるようにすると、友達に左右されることなく、本当に自分に合ったものを手に入れることができるのです。

2

何のために、何を決めるのか。
「目的」を明確にする技法

「目的」をいかに設定するかは、意思決定の最重要ポイントです。ここでつまずくと、その後の手順は隘路《あいろ》にはまりこんでしまいます。しかし、実際は、何をやるべきかがはっきりせず、右往左往している人が多いのも事実。その原因を解明し、克服する法を紹介します。

「目的」をきちんと設定することが意思決定の必須ポイント

日ごろ無意識に使っている「目的」という言葉は、意思決定では何にもまして重要な意味と価値をもっています。この「目的」という考えの抜けた意思決定は、舵《かじ》を失った船のようなものです。

1章で、目的とは、目指す標的であると申し上げました。意思決定して、行動して、最後に到達したい、あるいは手に入れたい標的がそこに定められているのです。

「人生の目的をしっかりともちなさい」と卒業式に校長や学長が訓示されたのを覚えておられるでしょう。みなさんは、これに従い、人生の目的を設定されておられますか。

野球の殿堂に名を残すこと、ノーベル賞に値する発明発見をすること、総理大臣になること、会社の社長になること、開発途上国で医療奉仕をすることなど、世に名を残す活躍をされた方々は、みんな若い時代に自分の夢を人生の目的に据《す》えて、強い意志で努力を重ねられたといわれています。

逆に、人生の方針も決まらずにその日暮らしで過ごしている人たちは、人生の目的をもっていないからだと非難されます。

最近では、会社の目的ということが注目されるようになりました。優良企業は、創業者がつくった「創業の理念」を確固として伝承しており、その理念が会社の目指す到達点、つまり目的として働いている。だから、どんな苦労があっても、目的に向けての結束が得られて、好業績を持続することができるということです。

本田技研の「作って喜び、売って喜び、乗って喜ぶ」や、ソニーの「自由闊達《かったつ》にして愉快なる理想工場」という理念が、この代表としてよく紹介されます。逆に、儲《もう》けばかりを追いかけて、最後にどこに到達したいのかわからない企業については、目的が定かでない放浪企業で、やがて衰退していくであろうといわれています。本田宗一郎氏は、会社の目的が正しければ企業は生き残れる、といわれておりました。

人生や会社の目的となれば、長期的であり、かつスケールの大きい決定であります。目的は、そのように大きな意思決定にだけ存在するのでしょうか。1章の例では、家族旅行や乗用車の選択、またお見合い方法の選択にも、意思決定の要《かなめ》としての目的は登場してきました。

意思決定には、どんな決定事項の場合でも、原則として目的はかならず存在すると考えてよいと思います。

決定事項は、なぜこの決定が必要になったかと質問すれば、必要になった事情が説明できるのです。ある状態があって、その状態を改善改革したい、改善改革したときに、到達点は何なのかということはかならず説明できるはずです。

「目的の設定」に影響を与える2つの要因とは

では、到達点というのは、何によって導かれて決められるのでしょうか。同じ状況に置かれていても、人によって相違する目的を設定することはないのでしょうか。

2003年9月8日現在、巨人は阪神に17・5ゲームの差をつけられています。このような状況にたいして、巨人の監督が設定する目的にはどのようなものがありうるでしょうか。残りの試合をすべて勝ち抜き優勝への一縷《いちる》の望みをかける、なんとか2位だけは確保する、今年はあきらめて来年度の優勝を目指す。これらの異なる目的のどれをとるかで、試合の進め方がまったく変わってきます。

これらの到達点にたいする相違、目的の相違は、何によって生じてくるのでしょうか。

ひとつは、状況認識の相違にあると思います。敵軍と自軍の力の認識の差から、勝てそうにもないという判断が働けば、タテマエはともかく、今年はあきらめてという判断が働きます。

もうひとつの要素は「意志」の要因です。負けず嫌いの監督であれば、ひとつとして負けたくないという気持ちで目的を考えるでしょう。淡泊な監督であれば、冷静に今年の敗北を甘受して、来年度に目的の重点を定めるでしょう。

ここでは、「意思」ではなく「意志」という言葉を使いました。意思は、意志と思考を組み合わせて用いられている言葉です。意志は意欲と志が組み合わされた言葉です。

したがって、意欲と志をもった人間が、状況を把握して思考し、ここまでは到達できる、あるいは到達してやるぞ、と決めたのが決定目的ということになります。冷静な判断力と熱い志が求められるわけです。

「冷静さ」と「熱意」を併せもってはじめて、意思決定が可能になる

◉意思決定のケース・スタディ

あなたの率いる高校野球チームは、常時、県下のベスト3に入る高校であり、かつては甲子園に何回か出場したこともある。今年は接戦で、うまくいけば出場できるかもしれない。最大の関心事は、2年生中心のチームで、体力がやや敵にたいして非力に見えることだ。試合を通して強くなることを期待している。

あなたは、監督として、自軍の目的を設定し、チーム全員に徹底させなければならない。あなたは、監督としてどのような目的がありうるかを考えてみた。

・今年度、甲子園で優勝する
・来年度、甲子園で優勝する
・今年度、甲子園でベスト8に残る
・今年度、県大会で優勝し甲子園に出場する
・今年度、県大会で決勝に進出する

全国の強豪チームを見ると、自軍の今の力では甲子園優勝はありえない。県下3強のなかでは下馬評は3位にあるが、夢であり意志として持ち続けるべきは、甲子園出場であろう。そこで、県大会で、何があっても優勝するという目的で意志を固め、そ

のためにどんな行動をとるべきかという決定事項の選択に入ることとした。

指導力のある監督であるあなたは、さらに思考を進め、2年生チームの素質を磨けば、来年度には甲子園優勝もあるという可能性も感じている。したがって、来年度には甲子園で優勝するという目的も選択し、決意した。しかし、ふたつの目的をもつことは、誤りであろうかと自問をしている最中である。


このケースでは、状況把握にもとづき、自己の意思をどこに設定すべきかという思考の動きが感じられます。その結果としてふたつの到達点が確認されました。

このように、時間を置いて目的が重なり合うことはしばしば起きます。これは、目的を追求するときの正常な思考過程です。いつかは甲子園での優勝を目指す、そのために今年はまず県大会で優勝し甲子園の土をふむ。このふたつの目的は時間を置いて連鎖していて矛盾はしていません。相互に力を与えあっています。状況認識と意志がスパイラルに(らせん形を描くように)影響しあいながら、目的間の関連性が形成されていくのです。ただし、目的間の現在における優先順位があり、当然、今年は県での優勝ということにより多くの力を投入すべきです。

「何を決めるべきか」をなぜ明確にできないのか

目的設定は、いつもスラスラと進むものではありません。むしろ、なかなか設定しずらいことが多いのです。

何かもやもやしていて、現実逃避をしたくなるようなときは、とくにそうです。旅にでも出れば、つまらないことに思い悩んでいることに気づくかもしれません。そうだ、こういうことが問題なのだと、まったく新しい視点から目的を考えることができるようになるかもしれません。よい友達がいれば、その人と話し合うのもよいでしょう。それで、決めたいことが何であるかがはっきりすれば、こんなすばらしいことはありません。

いつも冷静で、何を聞かれても即座に状況を把握して、課題整理をどんどん進めていく人に出会ったことがあると思います。あのような頭脳をもてたらな、と羨《うらや》ましくなることもあります。そして、自分はとてもそんなレベルにはなれそうもないな、と思うこともあります。

よりによって、混乱しているときに、君はいったい何を考えているのかと聞かれたりするものです。個人的な人間関係でも、あなたの考えていることがわからなくなった、と詰《きつ》問《もん》されたりします。こちらもわからないのだから、そういわれてもどうしようもないのです。悲しいやら、腹が立つやら、どうにでもしてくれといいたくなります。

こんなときこそ、しばし深呼吸をして、「しめた、これこそ自分の飛躍のチャンスだ」と考え、この本を取り出して自己分析をすべきです。自分が孤立した状態のど真ん中に投げ込まれ、本当にどうしてよいかわからなくなったときには、この本が手引きをしてくれます。

事例研究⑤ 組合幹部に脅迫を受けた米国駐在員の決意

Dさんは、電気メーカーのサービス会社の米国駐在責任者として、任命を受けました。当時の米国では、職業別組合の影響力が強く、かつ組合のリーダーのなかには、暗い世界との微妙な関係をもつ人たちが多かったのです。

日本から行ったDさんの前任者は、このような実態を報告していなかったようでした。たぶん何回かは報告したのでしょうが、本社が真剣に聞いてくれなかったので、自分が現地でやれることだけをやってすませていたのでしょう。つまり、組合のいうことをすべて聞き入れ、それが組合のせいであるということを隠し通したのです。別の理由を並べておけば、組合を抑え込めない無能な管理職という評価を受けなくてすむからです。

着任して驚いたのは、雇用者のなかに、仕事がないのに給与をもらっている人が半分以上もいたことです。さっそくこれを検討しなければ、と現地雇用の総務マネジャーに伝えました。すると、翌日会社に行くと、自分の机の上に小銃の弾がひとつ立てて置いてありました。そのことを本社に報告すると、「過敏になるな」というひと言で片づけられてしまいました。

数日後、自分の不在中に、家族のところに組合の幹部が数人訪問してきたことを奥さんから告げられました。そして、彼女は涙ながらにこう訴えました。

「組合の人が〝いい子だな〟といいながら子供の頭を大きな手でつかみ、首の骨が折れそうになるくらいに揺すって帰っていったのよ。お父さん、もう会社なんかどうでもいいから、早く辞めて日本に帰りましょう!」

彼はパニックにおちいり怒りに震えましたが、こんなときこそ冷静に課題を整理して、目的と決定事項を明確にして行動しなければならないことを理解しました。あとで述べるような社員との対話のなかから、組合幹部がすべての組合員から支持を得ているわけではないことを見つけ出し、最後には組合幹部からも譲歩を引き出すことに成功したのです。

彼は当初、自分が決定すべき事項をはっきりと整理できませんでした。その理由をじっくり考えた結果、4つの理由が見えてきました。

(1) 本当の状況がつかめていない
↓着任数日後の出来事だけで、全体の状況を判断していないか？

(2) 自分のポリシー（価値観）の軸が定まっていない
↓自分は会社の辞令をただ受けてきただけで、主体性なくやってきたのではないか？

(3) 立場の相違があったときに、一方的に受け身になって考えてしまう
↓先制攻撃にたいして、受け身に対応しているだけではないか？

(4) 決定事項が抽象的で分解されていない
↓自分が何を目的として何を実行すべきなのか、具体的にわかっていないのではないか？

それでは、ひとつずつ研究していきましょう。

「いま何が起きているか」を正確に把握せよ

いきなり鉄砲の弾を見せられたり、家庭での脅しにあったりして、錯乱状態におちいってしまうと、さあどうしようかということで頭がいっぱいになってしまいます。先制パンチに脅えるやつかどうかを、まず試されることはよくあることですし、そこでいったん約束事などをしてしまえば、あとにそれを引きずることになります。

そこで彼は、とにかく正しく状況を把握することからはじめました。状況がはっきりするまでは簡単にリストラなどという話はすまいと決心して、何を調べるかを徹底的に考えました。

産業の状況、サービス事業の動向、成長企業の動向、当社の事業内容、顧客の要求、当社の事業インフラ、商品事業部とのネットワーク、社員の構成、組合の動向、現在のリーダーと組合内の利害関係などなど、次々に頭に浮かんできました。彼は、これらがわかってきてこそ、本当に決めなければならないことが見えてくると、改めて実感しました。

従業員が働かないで、仕事がほとんどないのに給与を支払っているのは、経営としては問題ですが、そのような結果を生み出したのは、これまでの経営体制でもあるのです。

このような、長い間苦戦を強《し》いられた状況というのは、悲惨そのものです。

コストカットの連続で投資もしてもらえないし、新しいことを提案しても簡単に却下されます。士気低下、相互不信、タテマエの横行、やっているフリ、責任転嫁など、組織は悪くなりだすと累乗《るいじょう》的に悪くなります。みなさんも、人生のどこかで、このような状況に出食わすこともあるでしょう。

私はこのようななかでご苦労されている方々に出会ったときに、とにかく状況をしっかりと把握することをお勧めします。

しかし、このような組織は不信感に満ちていますから、

本当の状況を把握してこそ
やるべき事が見えてくる

本当のことはなかなか話してくれないものです。

本当の状況を教えてもらうためには、周りの人たちの信頼を勝ち取るしかありません。けっきょくおまえさんは、自分のことが大切なだけだろう、と思われてしまえば、それで一貫の終わりになります。

では、信頼を得るためにはどうすればよいのでしょうか。まずは、相手の話をよく聞いて、相手の立場で物事を考えられるようにならなければ、突破口は開けないでしょう。とにかく、本音の対話をひとりひとりと交わすことが大切です。1000人もいるのに皆と会うのは不可能だという人がいましたが、10人ずつ100日かければ、全員と会えるでしょう、というのが私の考えです。たった3か月で可能なのです。

このサービス会社のDさんは、これを実行しました。そうすると、大半の人たちは、自分たちが今仕事がないことを苦しく思っており、これから必要になる新しいサービス事業についての意見もあり、新たに技能習得をすることに何らの抵抗がないばかりか、それを希望していることもわかってきました。

熱心に対話を重ねているうちに、この人は本気で会社をよくしようとしているという評価が広がり、彼に近づいてくる人が増えてきました。流れを察知した組合幹部は、脅しではどうにもならないと判断し、交渉のテーブルにつく方向に転換していきました。「会社が新しい事業の流れをつかみ、事業構造を切り替えて生き残る。そのためにどんな道がありうるかを社員と一緒に考える」という決定課題が見えてきたのです。

「仕事に対するポリシー」をはっきりと言えるか

「生き残りの道を社員と一緒に探っていく」というのは一見きれいな美しい決定事項に見えます。しかし、ここにひとつの落とし穴が待っていました。

なんと、従業員たちが、「私たちの目的は理解してもらえたとは思うが、一緒に考えようとは何事か」と、不信感をあらわにしてきたのです。「あなたは社長ではないか。あなたが本当にやりたいことを、方針としてしっかり出してくれ。みなさんが考えたことを実現すべく頑張るなどというのは、リーダーのとるべき行動ではない。なんだかあやしく思うよ」と迫られました。

ここで、はたと困ることになります。「そうだ、本当に自分は何を夢見てこれから社長をやるのだろうか。ただ、赤字を黒字に替えて、凱旋《がいせん》将軍となって本国に帰ればそれでよいのだろうか」と。

状況がほぼつかめているのに、自分のポリシーを打ち出すことができず、ただ皆が決めたことや上司からきた指示をこなしているだけの人がたくさんいます。上下左右からきたものを、ただタテヨコにそのまま流しているだけならば、自分の存在そのものに価値がありません。ところが、サラリーマンの多くは、タテヨコ流しが自分の本来の任務であると誤解し、自分はしっかり仕事をこなしていると自己満足しています。そこで、急に自分のポリシーを出せといわれると、立ち往生《おうじょう》してしまいます。

企業の幹部研修で、「あなたは何のためにこの会社にいるのですか？　この会社でどのような価値づくりを目指しますか？　翻《ひるがえ》って考えたときに、あなたは何のために仕事をしているのですか？」というような質問をしますが、即答できる人は10％にも満たないのです。なんとなく成り行きで働いている人が、大半を占めています。

サービス会社の社長は、わかっているようでわかっていなかった自分のポリシーづくりに挑むことになりました。

「俺は、本当は何をしたいんだ？　会社が生き残るために、皆で力を合わせる。これは、最上位の目的ではないか。この最上位の目的のために、自分はどのような指針をもつべきなのか？　これは、ハウツーの問題ではなく、自分の価値観の問題でもある。この会社にきて、こんな試練を受けるのも縁あればこそだ。自分に何が大切かを教えてくれた社員のためにに、ひとつの決意をしよう。

サービス産業は、これまでは補助的な付け足しみたいな仕事と考えられてきた。しかし、これからは顧客の付加価値を増すために貢献する、主流の仕事になるはずだ。しかしそれには、社員の力が十分に向上していかなければならない。誇り高き技術者集団になる必要がある。電気産業のなかで、トップレベルの技術技能水準をもった、顧客に期待されるサービス会社になることを決意しよう。顧客要望を把握して、本社の物づくりを引っぱるくらいの会社になろう」

彼は、業界トップレベルの高品質サービスを提供できる技術技能集団となるために、どんな課題にとりくむべきか、その意思決定課題を探索しようと決意したのでした。

いつも受け身の姿勢で考えることを放棄していないか

「思えば、社員たちにいわれるまで、私には主体性がなかった。みんなで相談して、よい方向を探そうということで、皆に依存する考えがあったことを率直に認めよう」と社長は反省しました。

サラリーマンとしてのこれまでの人生を振り返ると、いわれた指示に従い、その指示に沿って身体を動かすだけの仕事生活を送ってきたような気がしました。自己責任、当事者責任ということで、自律的に目的を考え、決定事項を選びとっていくような考えをもったことがありませんでした。

その結果、いつも上司やリードする相手に合わせて、受け身的に決定事項を選択することが多かったことに気がつきました。どうしてこんなに、自己主張する力を失ってしまったのでしょうか。長いものに巻かれろということで、他人の決定事項に合わせて、それを実現することだけに汲汲《きゅうきゅう》とする習慣がついてしまい、そのうちに自分自身の目的を考える力とか余裕がなくなってしまったのでしょう。

立場はそれぞれタテヨコに異なるのですから、つねに平等に自己主張する権利は認められなければなりません。決定権は、重要なものについては、上部に任されていますが、発言権は平等にあるはずです。

それぞれに、自己主張したいことがあっても、けっきょくは強い者の立場に合わせて考える習慣がついて、最初から決定事項を自分で考えないようになってしまっていることが問題です。上部になっても社長になっても、自分の考えをきちんともっていないと、組織全体が方向を見失ってしまいます。

事例研究⑥ 幹部社員を奮い立たせた日産のゴーン革命

日産のゴーン社長は、強烈な自己主張によるリーダーシップを発揮して、日産を立て直しました。

改革の必要性についての状況認識、つまり、何が経営を痛めてきたかの要因分析は、旧幹部の誰もが共通認識としてもっていました。顧客志向の弱さ、偏った技術開発、部門間の対立、コスト意識のなさ、危機感の欠如など、これらに汚染されていることを誰もがわかっているのに、皆身動きがとれない状況がありました。旧幹部は、わかっているけれどもどうにもならない手詰まり状態でした。

ゴーン氏は、顧客志向を強める、技術偏重の技術開発をニーズ志向に改める、部門間の協調を強める、コスト意識を徹底する、危機感を高める、という目的を設定し、決定事項を整理していきました。

そのうえで、誓約書に決定事項の達成についてのサインを要求しました。達成できなければ、進退を考えてください、というわけです。多くの課題が、この決定事項を達成するためのプロジェクトチームで達成されました。日産の幹部社員は、自分たちの力で黒字化する能力があるのに受け身の姿勢でいたために、課題を突破することができないでいたのです。

この過程で、日産の幹部は、受け身からの離脱の必要性を痛感しました。目的を定め、かならずやり遂げる強いリーダーが今、多数育成されています。

あいまいな決定事項はどんどん「分解」せよ

サービス会社社長のDさんは、次のような方針を強く打ち出しました。

「業界一のサービス会社となり、顧客の要求をどこよりも高く満足させる」「成長しつつある事業分野にシフトし、技術技能集団としての能力を高める」——。

社員たちはスッキリとした気持ちになり、このような方針を打ち出してくれた社長がきてくれてうれしいと評価してくれました。会社では、皆が挨拶《あいさつ》をしてくれるようになりました。

ところが、数か月するうちに、またしても雲行きがあやしくなりだしました。あの社長は、方針をいうだけで、具体的には何もしない。具体論がないのは、やっぱり本気ではないのではないか、という疑念が広がっていきました。

社長にしてみれば、自分は方針を打ち出すだけで、あとは幹部や社員が具体論を展開すればよい。君たちに任せているのだから、積極的にやってくださいと考えていたのです。

これも、日本の企業にいてこそ通用する習慣で、方針だけ出してお神輿《みこし》の上で団扇《うちわ》をあおぐ「乗っかり型思考」にしかすぎません。「ワンワード構造改革。あとはまる投げ」と批判されている首相がいますが、日本的なマネジメントの典型といえます。もうすこし具体化をはかり、いつまでにどうしたいのかをはっきりさせることも、上に立つ人の役割なのです。

社長は、そこで「成長事業へのシフト」ということを具体化しようと試みました。すると、自分の責任の重さに改めて気づきました。この抽象的な表現では、何が成長事業なのかがはっきりしないのです。

当時は、電気製品の回路が急速に配線板上の結線からマイクロチップスに転換していくときでした。これまでの分解修理から、電子テースターを活用した故障解析やリモートメンテナンスが、新しい技術として登場してきていました。この技術を習得すれば、自社製品だけでなく、他社製品のメンテナンスも受注可能でした。したがって、「成長事業へのシフト」という表現ではなく、「電子故障解析とリモートメンテナンス事業へのシフト」とはっきり表現すべきだったのです。

これにともない、どんな決定事項があるかも具体化する必要がありました。電子故障解析技術の習得育成の方法の決定、同事業の市場把握のための仕組み、事業計画の策定、販売組織の設置、具体的案件開発プロジェクト体制など、分解すれば具体的な行動項目が出てきます。これらは、社長みずからが行く手の全体像を示し、しかるのちに個別の

決定事項を「分解」すれば、具体的な課題が浮き彫りになる

アイテムは権限委譲をして、実行してもらうもので、その間に皆の意見を聞いていくことは必要ですが、リーダーは具体論を展開しながら方向性をリードすることが大切です。

「目的意識」をもった行動は自己成長にもつながる

ここで紹介したのは、経営者の話でしたが、この経緯を通して、このサービス会社の社長が自己改革をして成長していった過程を感じていただけたでしょうか。社長なら当たり前と思われるでしょうが、周りを見渡してください。この当たり前が、ほとんどできていないのが日本企業の実状なのです。

じつは、あなたはあなた自身の経営者なのです。生まれてから一生を閉じるまで、あなた自身の経営はあなたしか運営できないのです。

あなたには、生活費という経費がかかっています。預金や借金というキャッシュフローも抱えていますし、車や不動産資産も抱えているでしょう。アルバイト、月給、親の送金などの収入もあります。健全な収支の確立を目指して、日夜、自己能力の開発や労働にはげんでいます。サラリーマンである場合には、所得が固定しているので、自己経営が見えにくなっていますが、会社がおかしくなれば、一挙に収入の安定性は崩れ、自分が自分の経営者であることに気づかされるのです。

あなたは、自分の人生の経営者として、人生の到達目的や各年代での達成目標、または仕事や生活のあらゆる場面について、いつも目的を考え、決定事項を明確化して挑戦し続ける習慣をもつことを求められているのです。

事例研究⑦ 結婚間近でリストラの危機に直面した男の決断

Eさんは、友人のF君が、相談にのってほしいというので夕食をともにすることになりました。ファミレスで男だけの食事は気がひけるものですが、真面目な話は酒抜きということでそうなりました。

冒頭から、F君は自分がリストラにあいそうだと切り出しました。大手企業で30代の若さだから、まさか自分が対象になるとは思っていなかったそうです。結婚を控えていて、彼女にこの話を伝えるべきか否か、伝えるとしたらどう伝えればいいのか、場合によっては破談の可能性もあるし……という悩みでした。

Eさんは、意思決定手順の勉強をしていましたので、この問題設定にちょっと疑問を感じました。そこでEさんは、F君に次のような質問をしました。

「リストラにあいそうだというが、どんなふうに進行しているのだろうか？　君は本当に対象になっているのか否か、残れる方法は残されていないのか？　会社はリストラをすれば立ち直れるのか？　彼女は、何を期待して君と結婚するのだろうか？」

残念ながら、F君はこれらの質問にはっきりと答えることができませんでした。ただ〝～のようだ〟と答えるばかりで、事実関係を確認しておらず、漠然と不安感を抱いているようなのです。

今度は質問を変えて、F君の生き方のポリシーを聞いてみました。

「けっきょく、君は何をやりたいのか？　会社に残りたいのか？　自分の長期的な夢、そして短期的なターゲットは？……」

こう聞いていくと、F君はとてもつらそうな表情になってきました。そこで、ではこれからどうしたいのかを聞きますと、「上司のアドバイスを聞いてから考える。彼女の意見を聞いて考える。もし、ほかによい仕事があれば考える」という答えです。

どうも、他人に依存してばかりの受け身型意思決定だと思えました。これでは、ただの指示待ち人間です。

けっきょく、「ラクをして心配のない生活を送りたい」というのが目的のようです。そうなんでしょうと問うと、「まあ、いわれてみればそういうことかな」という答えでした。

そこで、最後の質問をしました。「ラクをするということは、具体化するとどういうこと？　心配のない生活というのは、具体化するとどういうこと？」

具体的に考えてみると、なかなか返答できない様子です。F君は、これまで、環境に甘えて真剣に自分の生き方を考えていなかったことに気づいて、すこし慄然《りつぜん》としたようでした。Eさんが「あせらず、これからひとつひとつ考えていけば、自分で考えた自分の人生が送れるよ」とはげましたところ、いくらか元気が出てきたようでした。別れたあと、Eさんは「他人事《ひとごと》ではないな」と実感したそうです。

よりよい「目的」を設定するためのチェックポイント

目的は意思決定の要であり、よりよい目的こそがよりよい成果を生んでいくことを理解していただけたと思います。目的は、状況を正しく認識把握して、そこに自分が挑戦していく高い到達点を意志として発していくことである、ということも理解していただけたと思います。人生へのポリシー（価値観）を軸にして、課題を発見し、課題にたいして状況をできるだけ客観的にとらえる努力をし、自分ができるであろう自己成長込みの到達点を具体的に意志をもって確定していくことで、人生は新しく開けていきます。

それでは、よりよい目的をつくるためのチェックポイントを、最後にいくつか紹介しておきます。

⑴まず、考えられるだけの目的をこだわらずにいくつも書いてみる。

⑵これらの目的が必要となった背景について考える（頭で抽象的に考えているのでなく、周辺環境から求められる根拠があるか？）。

⑶この目的は、本当に意思決定者であるあなたの意志に合致しているかを考える（自分は本気でこれをやるんだよね？）。

⑷この目的は、十分な現状分析にもとづいてつくられたかを考える（自分は現状について、客観的な事象把握をすませているか？　わかっていないことはないか？）。

⑸この目的は、十分な将来予測分析にもとづいてつくられたかを考える（自分は、しかるべき情

報ソースから、将来予測情報を入手し、自分としての予測をすませているか?)。

⑹目的間の整合性と優先順位について考える(矛盾した目的はないか? 時系列的な優先度は検討されたか?)。

⑺組織や関係者の目的との整合性について考える(独りよがりでなく共有化できる目的か?)。

⑻なぜ(WHY)、何を(WHAT)、いつまでに(WHEN)、を具体的に考える(他人が見てわかるレベルに具体化されているか?)。

3 目的を達成して、どんな成果を得るのか。「目標、狙い」を定める技法

たとえ目的を正しく設定できても、「狙い」があいまいだと望ましい結果は得られません。いま何が起きているのか、この先はどうなるのか、状況把握を徹底することが基本です。また、どれだけ具体的で実現の可能性を見据《す》えた目標を設定できるかがカギになります。

目的が正しくても「目標」を間違えば好結果は望めない

「目的」は目指す標的であり、「目標」は目的を達成するための標識、目印です。道案内ということですから、その案内に沿った行動をすれば、目的地に到達することができます。

しかし、たとえばエベレストに登る力量をもっていれば「エベレスト登頂」という目的は設定可能であり正しいのですが、それでも「ルートやキャンプ地を選ぶ」という目標設定を間違えれば、成功できない可能性も十分にあるわけです。

目的と目標は、駅伝を例にして考えると理解しやすいと思います。各ランナーの平均タイムがトップレベルであれば、優勝するという目的を設定することは妥当です。

では、目標はどのように立てればいいのでしょうか。目標設定にあたっては、競合チームのランナーのスピード分布や走りの性格、各区の道路の勾配《こうばい》、当日の天候と選手の体調などの条件を配慮しなければなりません。往路復路がある場合には、かけひきの要素も大切です。

そこで、「総合タイム・往路タイム・復路タイムの目標をどこに設定するか」「往路の順位、復路の順位をどこに設定するか」「相手チームの予想される作戦にどう対応するか」「自チームの選手の大会当日の好不調をどう勘案《かんあん》するか」という目標が設定され、その結果として、誰がどの区を走るかが決定されるわけです。各走者がトップレベルの実力をもっていたとしても、監督の目標設定が適切でなければ、優勝を逃《のが》してしまうことも往々にしてあるのです。

こうしてみると、目的は成功への必要条件であり、目標は十分条件であることがわかります。目的同様、意思決定における目標の重要性はけっして看過《かんか》できません。

「誰のどんな欲求に狙いを定めるか」を強く意識して考えよ

商品開発をするさいは、明確なコンセプトをもたなければなりません。コンセプトがはっきりした商品は、美しさをもっています。「この商品、コンセプトあるよね」という言い方がなされますが、「では、コンセプトって何？」と質問すると、明確に答えられる人はあまりいません。

製品は、使用する人の便益を満たすためにつくられます。したがって、誰のどんな欲求を満たすのかがはっきりしていなければなりません。コンセプトとは、「誰のどんな欲求を満たそうとしているか」という意味なのです。

製品を開発するさいは、製品の設計目標をかならず検討します。このとき、いったいこの商品はどんな人たちのどんな欲求を満たそうとしているかと考え、それを目標／狙いどころとして設定します。

衣服であれば、体重・身長の相違、性格の相違、年齢層の相違、着用場面の相違などによって、ユーザーの要求には相当な開きがあります。注文着は個別に対応できますが、既製服の作成にあたっては、これらの異なる層の要求に応《こた》えていかなければなりません。たくさん売れることが望ましいでしょうが、あまりに多くの要求を受け入れてしまうと、お化けのような洋服になってしまいます。

ヒット商品とは、これらの矛盾する要求をみごとに昇華し、調和させてしまうような目標設定に成功した製品なのです。アサヒのドライビールが、味の好みが異なる顧客層にたいして、コクやまろやかさなどの味の好みを満たしながら、かつ喉越し（キレ）をも満たすという新しい要求に応えることで、一挙にトップシェアを獲得したのも、その一例です。

製品に限らず、趣味でつくる創作作品、お店のサービス、事務作業など、収入を得たり楽しんだりする所作には、かならず狙い／目標がひそんでいます。誰のどんな欲求を満たそうとしてその行為が行なわれているかを意識すれば、目標を確認することができ、美しさをもった行動、喜んでもらえる行動が可能になるのです。

事例研究⑧ 菓子メーカーが味わった〝天国と地獄〟

商品開発には、しっかりとした狙いどころが必要となります。しかし、ヒット商品が出ると、柳の下のドジョウを期待して、まともに狙いどころを検討せず、次のヒットを出したくなるものです。

ある製菓メーカーが、女子中学生の市場を研究して、彼女たちのテイストに合うチョコレートを開発しました。何度も試食してもらい、研究を重ねた結果、軽く油で揚げたフライドチョコレートが彼女たちの舌をとらえることに成功しました。まさに、「対象市場のテイストに合うこと」という狙いを達成したのです。同時に、「彼女たちの話題づくりに役立つこと」という狙いで、ケースを筆箱形にして、食後に使えるようにしました。

この新商品は、女子中学生市場の欲求にみごとに応えて、大ヒットとなりました。

そこで、この企業は、次の狙いを小学生の女の子に定めて、同じパターンの商品を売り出しました。ただし、小学生は小遣いが少ないだろうということで、値段を半額にし、個数を半分の5個にオマケをひとつつくわえた6個入りとしました。箱も細く長い筆箱形としましたが、彼女たちにはまったくウケませんでした。小学生にたいする狙いをまじめに検討することを怠《おこた》った結果の失敗でした。

「狙いどころ」を明確にできない原因とは

人は、狙いどころを考えるよりも、案を先に考えるクセをもっています。みなさんもこれまで、自分の人生の方向性を決めてしまうような大きな選択をいくつかしてきました。学校の選択、学科の選択、友達や恋人の選択、仕事の選択などがこれにあたるでしょう。また仕事でも、市場の選択、商品の選択、技術の選択などをされたかもしれません。

こんなときに、最初から目標／狙いどころをはっきりと定め、それから案を選んだといえるケースがどのくらいあるでしょうか。学校は名声や評判だけで選び、学科は好きだからなんとなく選び、友達や恋人はひと目惚れで選び、仕事は一流企業や格好のよさで選び……というほどひどくはないにせよ、なんとなくムードに流されて、案から先に考えてしまった経験は一度ならずともおもちでしょう。

案に飛びつくのは、人間の本性ですからやむをえないことなのですが、ひとつの案に飛びついてそれにこだわり続けると、もっとよい案を検討する機会を失ってしまいます。案を先に考えてしまうことは本性ですから、案を思いついたときには、自分はなぜこの案がよいと思ったかについて理由を考えてみましょう。その理由から逆に自分の目標／狙いどころに気づくことができるのです。

案先行ではなかったとしても、いざ目標／狙いどころを設定しようとすると、なかなかはっきりと述べられないときがあります。主な理由を挙げてみましょう。

(1) 自分の知識経験が不足しており、また状況分析もできていないので、抽象的な目標を具体化できない

(2) 狙いどころが山ほど挙がり、どれをとっても大切そうなので、切り落としができない

(3) 利害関係者が複数いて、それぞれの希望が異なるので、どのように調整してよいのかわからない

(4) 具体的に書いてはみたが、どうも納得いかない

それでは、ひとつずつ検討していきましょう。

抽象的な目標は
情報を集めて具体化する

かつて、ニッサンが凋落《ちょうらく》をはじめたころに、当時の社長は、車づくりの目標／狙いどころは「すべての国民に愛されることだ」と述べていました。目標を大括《くく》りにまとめて抽象的にいうと、頭がよくなったような気になることがあるらしいのですが、これは大変な錯覚です。

駄目な経営者のいる企業に行くとかならず出食わすのが、「危機意識をもって頑張ろう」「職場を活性化しよう」という標語です。わかったようでわからない目標ですね。

元来、「分かる」ということは、「分ける」ということと深い関係をもっています。分けるほど、分かりやすくなります。「理解」「判断」「切れる」という言葉は、みな分けることで可能になるのです。頭のいい人は、分けて見る習性をもった人です。この「分ける」という考え方が生かされてくるのが、現場で現物と現実を切り分けて観察する状況分析です。

目標を具体化しようとすれば、状況分析に立ち返らざるをえません。この目標について、具体的に何が起きているのか、また起きそうなのかという情報のなかから、しからば何を狙うのかがはっきり見えてくるのです。

たとえば、商品開発の目標や狙いを見たときに、どうしてこのような目標が出てきたのか、根拠や状況をどれだけ具体的に把握しているかがポイントとなります。ソニーでは、商品開発の上申《じょうしん》をするときには、かならずトップから、「どうしてこの目標（狙い）が出てきたの？　誰に会って確かめたの？　顧客は誰なの？　彼らは何といっていたの？」と聞かれるそうです。つまり、頭で抽象的に考えた狙いではなく、顧客が実際にいっていたことから具体化をはかれということです。

意思決定には、意思決定の結果や過程の段階で、利害を受ける人たちがかならずいます。ですから、意思決定をするさいには、この決定によって喜んだり悲しんだりするのは、具体的にいって誰なのか、彼らは何を達成してもらえば喜ぶのかということを把握していなければなりません。

目標設定の初期段階では、必要な情報はまずそろっていないことが普通です。ですから、目標を書いてみて、もし抽象的であったとすれば、どんな情報をつかめればもっと具体化できるかを考え、ただちに情報探索行動をとりにいくことが求められます。

事例研究⑨ 工場用ロボットで生産世界一を勝ち取った電気メーカー

ある大手電気機器メーカーには、世界に広がる30以上の自社の工場生産ラインをつくる生産センターがありました。G氏がセンター長に任命されて、これまでのセンターの仕事を点検してみると、生産設備の専業メーカーの真似をして、後追いで自社製設備をつくるという好ましくない仕事をしていました。他社と同じものをあとからつくるようでは、競争力を失うことになります。

そこで、G氏は、専業メーカーでやってくれるものはすべて専業メーカーに外注せよと指示を出しました。当社でしかできないものだけを当社でやれということです。その結果、センターの1000人以上いる技術者の半数は仕事がなくなり、新しい仕事を見つけなければならなくなりました。

当社でしかできない設備づくり、その狙いを何にするのか、机の前に座って考えていても狙いは出てきません。そこで管理職数十人が、自社工場や顧客先の工場を回って、未充足のニーズを聞いて歩きました。

数か月後には、はっきりとした狙いどころが見えてきました。

最近、多くの工場はラインをもたずに手組みでセル生産（1人〜数人の作業員が、部品の取り付けから組み立て、加工、検査までの全工程を担当する生産方式）をするところが増えていますが、セル生産での重量物搬送や部品の上げ下げに困っているところが、圧倒的に多かったのです。狙いがはっきり固まり、同社のつくったセル生産用ロボットは世界一になりました。

甘い目標は、厳しくどんどんそぎ落とせ

「ないものねだり」という言葉があります。あれもこれもほしいという目標を出す人がよくいます。欧米ではmotherhood objectives（お母さんのおねだり）という言葉があるくらいです。子供の学校を選ぶさいの目標として、「著名な運動選手になれるように」「繊細な音楽家になれるように」「ノーベル賞をとってくれる学者になれるように」「ハンサムな映画スターになれるように」などなど、将来につながる学校を選びたいというものです。

さまざまな期待をすることは、親の気持ちとしては理解できますが、やはり子供にとっては迷惑なことです。このなかのひとつを実現するだけでも、学校に入ってから大変な努力が必要となるのですから、実現性という観点からいくと問題があるでしょう。

実現性は、この意思決定にかかわる時間的、資源的、能力的な限界から生まれます。前向きな気持ちをもっていることは大切ですが、いっぽうでヒト、モノ、カネ、時間の制約条件があります。この制約された資源をどう有効に活用して、達成可能でかつ状況の打開につながる目標を設定するか、ということです。ですから、目標を書いたときに、どの程度まで何を達成したいのかという具体化が必要であると同時に、どの程度まで達成するのかを数量的に目標化しておくことが大切です。

ヤンキースの松井秀喜選手は、ルーキーイヤーの2003年、5番という打順を選択しています。トーリ監督と話し合って意思決定したのでしょう。もちろん、「ホームランを30本以上打つ」「打率は3割台」「得点圏打率は4割台」などという漠然《ばくぜん》とした目標を立て、3番か4番を打つという案にこだわることも可能です。

しかし、現実性のある目標としては、「カットボールに芯《しん》が当てられるようになる」「力負けしないスイングを身につける」「とにかく次につなげる打ち方を身につける」「甘い球だけを本塁打する」ということになり、これを実現できる5番に徹しているのです。おそらく、本塁打だけを狙えば、ゆうに30本はクリアできるのでしょうが、それはヤンキースでレギュラーを務めるという意思決定目的に符合しないのです。

新製品の開発では、とくにこの甘い目標が目立ちます。「顧客の要望だから……」と注文をつける営業や、とにかく新しい技術を取り入れたがる技術開発陣の声をかたちにした結果、あれもこれも突っ込んだお化けのような製品になってしまうことが多々あります。ウィンドウズなども、すべての機能を使えば大変なことができるのですが、実際にはワードやエクセルしか使わない人がほとんどであるため、機能が死蔵《しぞう》され、世代交代のたびに使いにくさが増していくし、価格も割高です。

友人が家を建てたということで招待されて行ってみると、

むやみに「目標」を増やすと「目的」を達成できなくなる

あれもこれも希望(目標)を盛り込んだために、それぞれが小さくなってしまい、ミニチュアハウスのように迷路化していることもあります。目標は、足し算で入れ込むだけではなく、思いきってそぎ落とす引き算が要《かなめ》となるのです。

事例研究⑩ RV車の常識を覆した「オデッセイ」

ホンダは、1990年代前半には、「セダン車でベンツを超える」という目的で事業を進めており、米国市場で急成長していました。いっぽう日本では、同時期に非セダン型のRV車(レクレーショナル・ビークル)などのシェアが、乗用車市場の30%に迫るほど伸びていました。ここにきて、目的志向型経営で頑張ってきたホンダ経営陣も事態を看過《かんか》できなくなり、RV車市場への参入を決定しました。

他社に10年以上も遅れての参入でしたが、ホンダらしさを出すためには、他社に負けない目標づくりが求められました。車内居住性、RV機能、燃費と速度、車体の高さやデザインなど、当初はすべての点で他社を上回るような機能目標が列挙されました。しかし、当時のホンダは、資金のほとんどを米国市場のセダン車に注ぎ込んでおり、他社にすべての点で勝てるだけの投資はできません。

そこで、原点に立ち返り、「何のためにRV車市場に参入するのか」を見直すことにしました。ホンダの顧客はホンダが好きで乗っている、ホンダの顧客はホンダのRV車を求めているかもしれない、などなど。

そこで、ホンダの顧客へのアンケート調査の分析が行なわれ、機械好き・エンジン好きのホンダファンの多くは、「もしホンダがRV車をつくるならば、高速道路で走りながら家族で大きな声を出さずに会話できる静粛な車をつくってほしい」と期待していることがわかりました。当時、他社のエンジニアは、RV車を使用する客は、音や揺れなどは気にしないと考えていたのです。

たくさんあった開発目標がそぎ落とされ、ホンダファンの顧客が期待する静粛なRV車に見合った目標だけが残りました。ほかの目標は顧客が評価していなかったのです。

たとえば、車の高さや長さは重要度の低い目標であったため、アコードのラインをそのまま使える大きさにした結果、他社より背の低いRV車が生まれました。これは問題でなかったばかりでなく、かえって斬新に見えました。かくして、余計な機能をそぎ落とした「オデッセイ」が誕生し、国内の危機を一挙に解消したのです。

利害の対立に翻弄されてはいけない

敵とはいわないまでも、利害が対立する者が集まって、意思決定をしなければならないことがあります。というより、意思決定はほとんど人が絡みあい、腹の探りあい状態になることが多いのです。

人間は、感情的には欲望の塊《かたまり》でもあります。まず第一に、自分のメリットを考えます。売りたい、儲《もう》けたい、自慢したい、有名になりたい、褒《ほ》められたいなどという気持ちが無意識に働きだします。これは、人間が生きていくうえでの原動力ですから、このこと自体を否定する必要はありません。このような原初的欲求をもった人間が、そのまま欲望をむき出しにして戦うと、人類の存亡の危機を迎えるので、社会は人間のそうした欲求を認めあいながらも、最終的には理性的な判断を求めます。

しかし、人間にとって、この理性を働かすということは容易ではありません。

中国の戦国時代、呉《ご》と越《えつ》は、覇権をめぐって対立していました。敵対関係です。いつかは一方が敗れ、他方が勝ち残ることはわかっているのですが、そのときまでは、手を組んで同じ舟に乗り、協力しあったのです。

対立する利害者が集まって意思決定するときには、対立する利害がそのまま裸で目標に上がってくるときと、オブラートに包まれた曖昧模糊《あいまいもこ》とした目標として提出されるときがあります。

前者は、きわめて健全な目標設定です。まず、自分たちが得たい成果を、自分たちの立場ではっきりと出しあうからです。当然、資源の制約がありますから、利害関係者全員の目標をすべて達成することはできません。このことがわかれば、あれかこれかではなく、相互の立場を認めあったうえでの利害調整ができるのです。このとき大切なことは、自分の利益をすこしでも拡大しよう、相手の取り分をそのために少なくしようという発想から抜け出す方法がないかと考えることです。分捕り合戦ではなく、対立する者同士が協力しあって新しい目標をつくれないかということです。

たとえば、長野県知事の田中康夫氏は、脱ダムで浮いた予算をどう使うかというときに、農業への配分要求への対応、中小企業への配分要求への対応、林業への配分要求への対応という個別配慮目標を設定するだけでなく、材木を増やして中小企業の木材加工業を活性化し、その金で豊かな森林をつくり、森林の水で農業の生産性が上がる環境をつくるという、3つの業者が一体化して収益向上をはかれる目標設定を主導しています。

いっぽう、オブラートに包まれた目標設定は、きわめて危険なものといえます。わかったようでわからない、人によって解釈が異なる目標をいいます。政治討論を聞いていますと、ほとんどがオブラート言語の撫《な》で回しに終始しています。中小企業の危機を救え、金融危機へ対処せよ、構造改革を進めろ、老後の生活を保障せよ、雇用機会を創出せよ、とどの党派も同じことをいっているので、なぜ対立するのかわからないくらいです。しかし、その裏で働いている本当の狙いは、縦割り官僚制度の維持による既得権益保持、政官癒着による国家予算の自己目的利用というエゴイスティックなものなのです。

　このような場面では、当初からウサン臭い目つきの人間が集まり、鼻をピクピクさせたり、追従《ついしょう》の笑みを浮かべた

意見の相違を確認した上で
さらに一段高い目標を模索する

りして、もっともらしい発言をします。善良な参加者は、威圧的な雰囲気に怖《お》じ気《け》づいたり、あるいは、こんな連中とまともに話すのはごめんとばかりに引き下がったりしてしまいます。こういうときには、みなさんにけっして負けてほしくないのです。「もうすこし、目標を具体化してください」と、率直に質問を繰り返してください。正攻法で率直に食い下がる人にたいしては、悪徳代官も手を焼くものです。わからないことをわかるまで質問していく態度は、ルールに反しません。このような連中には、正義の目標を対峙《たいじ》させて戦うよりも、彼らのいっけん美しい抽象的な目標にたいして、具体化を要求する質問をして食い下がることが大切なのです。

事例研究⑪ 取引先への疑念を払拭し、共同キャンペーンに成功

あるカメラ会社は、取引先の大手ディスカウントストアのマーチャンダイジング(販売促進)部門に不信感を抱いていました。競合メーカーのキャンペーン期間が自社の期間にくらべて2倍もあるのです。伝統的にカメラ会社とストアは、相手が自社の立場しか考えていないように思って、内心では反発しあっていました。

この会社は、いま大ヒット商品を出しているのに、ストアのほうは、キャンペーン期間を増やそうとはしませんでした。この機会を活用して売り上げを上げれば、双方が得をするのに、協力が進みません。そんなわけで、意思決定のプロセスを使って、目標の合意をすることになりましたが、案の定、オブラートされた目標を並べるだけの、冷たい会議になりました。

そこで、カメラメーカーのマネジャーは、「やる気の出ない目標を掲げても意味がない。裏にある本当の気持ちを出しあおう」と提案し、両者別々のグループで討議し、双方への不満をすべて出してもらうことにしました。

ストア側は、「このメーカーはわれわれを見下している。顧客は製品そのものを見て買うのでなく、ストアの店員の勧めによってどれにするかを決めているということをわかっていない。売り方までマニュアルで強制されたくない」などの不満を挙げました。いっぽうメーカー側は、「製品のよさを勉強してくれない。情報をくれない。すぐに値引きしてほしいという」などと反論しました。

これを両者でぶつけあったところ、互いの不満が誤解にもとづくものであることがわかり、協力し、支援しあう共同キャンペーンの目標が設定できました。そこには、「顧客のカメラの使い方をくわしく聞いて、使用目的に合ったカメラを勧めることができる」「顧客に短時間で、カメラのもつ性能を理解させることができる」「ストアのセールスの写真技術を生かして、顧客の技術向上を支援できる」と書いてありました。

目標を設定してみたものの納得いかない時はどうするか

狙いや目標を書いてみたときに、かならずといってよいほどこれでよいのかという納得感のなさがつきまとうものです。もうちょっと見えてこないかな、という不満足感が残ります。これは、極めて正常な感覚です。目標は、深めていけば尽きることなく深まっていき、創造への扉を開いてくれるのです。これでよいのかと繰り返し考え続けることが大切であって、時間切れまで考えてもけっして損はしないのです。

よく見られる目標に、次のような事例があります。

- 失敗しないこと
- 時間に遅れずやれること
- 相手を怒らせないこと

・費用がかからないこと
・見栄が悪くないこと

いざ目標を書いてみると、「○○でないこと」という否定形のものばかりだったというときがあります。このようなナイナイ尽くしの目標では、候補案は今までのやり方の継続や何もしないというようなものしか出てきません。要は、受け身で主体性がないわけですから、もう一度目的に立ち返って、本当に自分が目指しているところを見直すべきでしょう。

これとは逆に、どうも勢いがよすぎるのではないかという目標もあります。

・トップシェアをとる（現在シェアは3％にも達していないのに）
・世界一の生産性を達成する（現在稼働率が50％しかないのに）
・世界一の品質を実現する（現在、不良返品ばかりなのに）
・世界一元気な職場をつくる（退職者続出なのに）

書くのは元気いっぱいなのですが、現実はあまりにも大変なので、無責任というかお題目というか、書く人、見る人、シラケルばかりという目標です。共通しているのは、「いつまでに」という達成期限が明記されていないこと、つまり、「世界一」「トップ」などという一見具体的な目標が提出されているように見えますが、じつは数値的な到達点がまったく示されていないということです。

そこには、実態を見るのが怖い、嫌だという潜在的な逃避意識が見てとれます。この場合は、「とにかく状況認識に戻れ」というほかはありません。現在と将来の状況を見据えて、目標は設定されるべきなのです。

よりよい「目標」を設定するためのチェックポイント

目標とは、目的に到達するための目印、指標であることがおわかりいただけたでしょうか。まず、目的を達成するための目標／狙いどころを思うままに書き綴ってみます。次に、「各目標／狙いどころについて、自分が気にかかること」を書いてみます。私は、この気になることを「関心事」とよんでいます。たとえば、目標として「世界一の元気な職場をつくる」と書いたところ、関心事として次のようなことが浮かんできたとします。

- 元気ってどんなこと？
- 元気のある会社ってどんな企業？
- 世界一ってどうやって計るの？

このように気になることを挙げて、必要な情報を収集していきます。そうすれば、元気があるといわれる会社とその特長を入手することができます。当然、「ソニーのように元気闊達」「ホンダのように当事者意識が高い」などと具体化をはかることができるわけです。

よりよい目標づくりのために、次のチェックポイントを活用してください。

(1)これらの目標は、目的の実現に有効であるかを考える（目的との因果関係が説明できるか？）。

(2)これらの目標だけで、目的は実現できるかを考える（何か重要なものが抜け落ちていないか？）。

(3)これらの目標について、関心事を挙げて考える（気になることは何か？）。

(4)これらの目標について、状況把握ができているかを考える（関心事にもとづく情報把握はすんだか？）。

(5)これらの目標相互間の重要度について考える（どの目標を最優先すべきか？）。

(6)これらの目標に関係する人たちの要求が反映されているかを考える（誰が何を喜んでくれるか？）。

(7)これらの目標について、いつまでに、何を、どのくらい達成するかを考える（指標として活用できる数値化ができているか？）。

4
目標実現の「案」を並べて「最適案」を選択する技法

世に存在するヒット商品や優れたサービスは、すべて「案」の結実です。充実した仕事ができるか否かは、この案作りにかかっています。経験にとらわれず、執着心をもって、いかに時代を的確に予測するか。また、案は当初の狙いと合致するものでなければなりません。

最適の「案」を生めるか否かは頑張りの差に尽きる

目的、目標が的《まと》を射《い》ていても、それにたいする適切な案を導き出せなければ、意思決定は実行できません。案は、目標に書かれた達成事項を実現するための手段です。適切な案は、それを実行に移せば、結果として目標を達成できる、得たい成果が得られる、ということになります。

この関係を、「目標と案との因果関係（目標が結果で、案が原因）」といいます。案を考えるときには、この因果関係を決められた期間内に確実に成り立たせることが求められます。「この案を実行すれば、本当にここに書かれている目標が達成できるの？」という質問にたいし、明快に「YES」と答えられることが条件です。

目標があれば、案が自動的に出てくるものではありません。そのようなものも確かにありますが、それらは、すでに経験ずみの目標について、すでに存在するような案をもってきて因果関係が成立するようなケースに限られます。

この10年ぐらいは、インターネットやコンピュータの発達によって、多様な案づくりが可能になってきました。顧客の要望にしたがって部品やユニットを組み合わせ、顧客ごとに最適な製品を提供する企業が勢いをもつようになってきました。パソコンのデル、住宅の積水ハウス、自動車のトヨタ、ＪＴＢの旅行プランなど、最適な組み合わせをどこよりも速く提供できることを競争力にしようとしています。考えようによっては、個別顧客の意思決定を支援することを代替案にしているともいえます。このような組み合わせ案で、意思決定のほとんどの部分はすんでしまうでしょう。

なんといっても、案づくりの醍醐味《だいごみ》は、ほかに誰も実現したことのない、世界で初、業界で初、組織で初といわれる案をつくることでしょう。誰もまだ実現していないことが自分の手でつくられていく快感こそ、人生のこの上ない喜びです。

しかし、これはそう簡単に実現できるものではありません。世にない代替案には、案の姿は描けるが、その実現が難しいケースと、まったく案の姿さえ考えられないケースがあります。いずれにしても、行く手には技術的な問題が厚い壁となって横たわっています。

このようなケースでは、電気自動車のように、長い総合的な技術開発の蓄積が必要で、思いつきの案に走っても成功の確率は低いといえます。しかし、案を思いつくことができなければ、意思決定は完結しないのです。歯を食いしばって案づくりに励み続けなければならないし、頑張りがわずかに足りなかったせいで、業界負け組みになってしまうという残酷な結末を迎えることになるのです。

事例研究⑫ 「成熟産業に将来性はない」は本当か

「静か御前」というとても静かな洗濯機や、「野菜中心蔵」という収納量を広げた冷蔵庫でヒットを飛ばしたある企業の開発責任者は、白物家電が成熟産業であるという経済アナリストがいると、激しく抗議します。

冷蔵庫、洗濯機、掃除機、調理器を含めて、白物家電はここ10年で、機能が見違えるほど向上しています。テレビや音響機器の画像と音質も驚くばかりの進歩であり、何も新しい製品だけが技術の世界をリードしているわけではなく、成熟といわれる産業ほど、技術の発展基盤を提供しているのだと主張されているのです。

現在、洗濯機では、洗濯用合成洗剤を使わないで汚れが落ちる製品が登場してきています。彼はこういいます。

「洗濯機なんて、開発されてこの方、まだ50年しかたっていません。やるべきことはまだたくさん残されていて、これからが技術開発の本番です。中国数十億の人間が今の洗濯機を使ったら、日本海は排出された洗剤で汚染・凝固してしまうことは火を見るより明らかです。技術は、この問題を解決できる可能性をもっているのです。ここに気がつくことが大切なのです」

ヒット商品を創りたいなら始めからヒット案を考えるな

ソニーのウォークマン、スリーエムのポストイットをはじめ、ヒット商品は当初、失敗と考えられた商品が別の目的に活用されて大ヒットしたことで有名です。アサヒのドライビールも、最初はそんなものは売れないと幹部会議で何回かはねられています。若い世代で、ドライなビールがほしいという要望があったので、とにかくつくってみようということではじまったのです。携帯電話もヒットする5年前に、それを予測できた人はいませんでした。ただ、ある特定の市場層に強い要求があるので、それを頼りに市場投入がはじまったのです。

他社との差別化に成功して先行したヒット商品は、ふたつの要因をもっています。

ひとつは、市場の掌握《しょうあく》の適切性です。顧客の呼吸を感じるほどに、ターゲット顧客の要望が聞こえている、だからこういうものができれば売れるはずだというゆるぎない確信がもてたので、一途に顧客要望に応《こた》える継続的な努力が可能となったのです。

シャープは、液晶テレビやカメラで他を圧勝していますが、この会社は、歴史的に顧客を開発時から仲間に入れ込むマーケティングを進めていました。顧客にいちばん近い企業といえるでしょう。

もうひとつは、技術の発展の流れを読みきれる企業です。キヤノンは、インクジェットプリンタで世界でも圧倒的地位を維持していますが、精細度と速度で他社が追いつけないカラープリンティング技術を開発し続けています。市場の流れと技術の流れを一貫して追い続けることのなかに、一時的ではない継続的な案づくりの成功が読みとれます。華々しい成功物語がないのに、一貫してよい製品をつくり続けられることが大切です。大ヒットはオマケくらいに考えておくべきでしょう。

インターネットで情報がすぐに広まる時代には、大きな差はつきにくくなります。他社、他人がすぐに追随してくるからです。そこで、微差で常勝することが必要になります。微差で負け続けることは、敗者にとってボディーブローできいてくるのです。成熟市場、成熟技術と思われている分野でも、技術の成長可能性を探り、微差で常勝する道を着実に歩むことがお勧めのコースであろうと思います。

さて、案が浮かばない場合には、次のような要因が考えられます。

(1) 自分の頭が過去の成功体験で染まってしまっている
(2) 目的と目標が明確ではない
(3) 未経験の分野なので、予測がつかない

では、これらへの対応を考えてみましょう。

過去の成功体験などきっぱりと忘れよ

あるスーパーチェーン店での話です。

この企業の社長は、魚の切り売り実演でこのスーパーの基礎をつくり上げました。今でも魚の売り上げが落ちると、すぐにマグロを1本仕入れ、店頭で包丁さばきよろしく刺身を切り出し、こうすれば売り上げは上がるのだと指導していました。

事実、その日だけは売り上げが上がりました。ただ、翌日にはまた下がるのです。なんで俺のいうとおりにできないのだと、社長はいつも店員を叱りつけていました。そのうち、社長の名実演でも売り上げは思うように上がらなくなりました。しかし、社長はどうしても次の手が考えられず、ついに後進に道を譲りました。

よい案が出てこないときにまず大切なことは、対象や案件もさることながら、自分の考えを疑うことです。先入観や潜在意識ほど人間の思考能力の幅を狭《せば》めているものはありません。とくに、成功体験をしていると、時代が変わっても昔の方式が役に立つものと考えてしまいます。

こびりついた先入観を取り払う方法として、適切と思う案だけでなく、駄目な案、不可能な案をどしどし挙げていくということをお勧めします。駄目な案を挙げて、それがどうして駄目なのかを証明していくのです。証明できなければ、そこに突破する可能性のカギが見えてきます。

実際にやってみると、自分の勝手な先入観で、根拠もなくさまざまな可能性を排除してしまっていることに気づきます。先ほどの洗濯機の例でいえば、洗剤をまったく使わないで、振動と水流の組み合わせで汚れを落としてしまうことも技術的には可能になりつつあるのです。できないならば、できないという証明をしなければならないのです。

自分が先入観にとらわれているときに、自分の先入観に気づくということは、正直、至難の業《わざ》です。したがって、他人の力を求めることが大切になります。他人の意見を素直に聞き、その意見が正しいのではないかといったんは受け入れ、反芻《はんすう》してみるべきなのです。

私の出会った多くの優れたリーダーは、皆これが自然に身についている謙虚な方々でした。ですから、そういう態度がとれない人にくらべて、成功の機会が圧倒的に増えたのです。

事例研究⑬ 自動車部品メーカーの技術者のカン違い

乗用車の運転席の前には「インパネ」というたくさんの計器を取り付けるための樹脂パネルがあります。

「先入観」を取り去る第一歩は他人の話をきちんと聞くこと

スピードメーター、エアコン、オーディオ、エアバッグ、それにハンドルなどなど。このインパネをつくっているメーカーの技術陣が、価格は下がるし、何年も同じものをつくっていて、もう技術開発の余地はなくなってしまったと考えていました。軽くて、堅牢《けんろう》で、精度もよく、美麗《びれい》という開発技術では、新しい開発テーマはもう残されてはいないし、いっそ計器類の生産にでも入ろうかと考えたのです。

そこで、新規ユーザーである某自動車メーカーの開発研究所を訪ねて、意見を聞きました。すると相手先は、「あなた方は何をカン違いしてるんですか。ユーザーもメーカーもインパネについては不満だらけなんです。今、必死になってインパネの抜本改造に取り組もうとしているのに、テーマがないとは技術者としてあまりにも不遜《ふそん》じゃありませんか」と怒鳴りつけてきました。

メーカー側は、衝突事前防止装置、自動運転、制御情報の統合コンピュータの設置、情報配信など、フロントグリルの活性化こそ今後の自動車メーカーの生き残りをかけた戦場であり、そのためにインパネの機能の高度化に勝負をかけていたのでした。

じつは、このインパネメーカーの技術者たちは、このような相手先と日常的に接していたのです。

ところが、もらった図面どおりに生産し、納入するという下請け受注体質が染みついているので、日々接している顧客の声を聞いていなかったのです。

目的や目標が真に明確かどうかを疑ってみよ

既成の案にこだわっておらず、どんな案にたいしてもオープンであるという確信があるときで、それでも案が出てこないときには、もう一度、目的と目標を見直してみてください。目的と目標が案をガイドするまでに熟していないことがしばしばあります。

「ねえ、どっか海外旅行にでも行きたくない?」「うん、行きたいね」「どこかいいところあるかしら?」「そうだねえ。ハワイはどうかなあ」「新婚旅行で行ったでしょう。どっかほかにないの?」「そうだなあ。じゃあ米国西海岸はどう?」「あまりピンとこないなあ。ほかは?」「ん〜、じゃあ中国!」「いやよ、もっと熱心に探してよ」「国内旅行はどうだろう。お金もかからないし」「あなた! 真剣に考えているの!」「……」

この種の会話は、ご挨拶《あいさつ》がわりのようなものです。ところが、こうした会話は麻薬のようなもので、仕事中にも気を許すと突如としてあらわれ、一人歩きをはじめます。偉い人の気まぐれ提案で社内が無駄な仕事に走り回ることがしばしばあるのです。

最近では、これがいちばん目立つのが、コンピュータシステムの導入ブームで起きた、無駄なシステム投資騒動です。女性のファッションブランド漁《あさ》りのごとく、三文字言葉の流行システムが経営者の注目を浴びました。ERP、SFA、CRM、SCMなぞと、もっともらしい名前がつけられて、あたかも経営者のプレザーコートのように、「お宅は何を入れましたか?」という会話をすることが流行したのです。

社長が業界会合から帰ってくると、うちは何を入れるのか、そんな検討もしていないのか、とあせって指示を出してきます。

各社が同じようなパッケージを出していますが、そのどれにするかがいきなり決定事項になってしまって、目的も狙いも建前で動いていきます。そこに、社内政治がからみ、どのハードメーカーやソフトメーカーを選ぶかが主要な課題となってしまいます。

政治力のある派が勝ち、高額巨額のソフト購入が決まります。はてさて、そこからこのソフトを自社の何の業務を強化するために使おうかという話になるのです。手段と目的目標が逆転してしまっているのです。使わなければ買った人の面目《めんぼく》にかかわるからなんとか使ってくれという話になって、買ったソフトをどう使うかという目標探しがはじまります。手間ひまかけてソフトを使う努力を重ねているうちに、企業の体力が低下してしまいます。こんなことが、日本の大手企業で現実に起きてしまったのです。世界30位の経営能力レベルと海外の諸機関に評価されているのも無理はありません。

案が出てこないときには、どうも目的目標がおかしいのではないか、あいまいなのではないかと疑ってみることも大切です。意思決定のミスの多くは、この間違った、あいまいなガイドで起きてくるのです。

事例研究⑭ 社員ピクニックの目標と案

米国では、夏休みに会社の広場を使って、家族向けのピクニックをします。専門の業者がいて、プールを持ち込んだり、ポニーを連れてきたり、バレーボールのネットを持ち込んだり、バンドを送り込んだり、バーベキューやとうもろこし焼きをしたりという具合です。

ある会社で、毎年どこの業者を選ぶかという意思決定をしているのですが、マンネリぎみになってきました。そこで、今年はひとつ趣向を変えて、家族がそろって楽しみ、かつ交流できるピクニックを企画するという目的で、過去の事例にとらわれず、まったく新しいやり方で意思決定をしようということになりました。

担当チームが目標を挙げてみたのですが、よい案ができないと悩みはじめました。案がどうしても出てこないというのです。それではと、目標を見てみると、「小さい子供たちがポニーに乗れること」「親父たちが思いきり生ビールを飲めること」「子供たちがボールを使って遊べること」「奥さんたちがバンドを楽しめること」などと挙げられていました。

これでは、去年までと何ら変わりません。何かがおかしいということになりましたが、何がおかしいのかつかめないのです。ピクニックというと、どうしてもこれまでの先入観があって、同じイメージが先に出てしまうのです。

そんなとき、誰かがふと気がつきました。

「ここにある目標は、目標でなく案ではないか？　案が出てこないのではなくて、これまでの案が目標に侵入してきてしまっているのではないか？」と。

そこで、子供たちや奥様方に、ピクニックに何を期待しているかを聞いてみました。

すると、「子供たちはたくさんのお友達をつくりたい」「お母さんたちは自分に合った友達を見つけたい」「バラバラに遊ぶのではなく、みんなで一緒に楽しみたい」ということがわかりました。

このように目標が設定されると、フォークダンスや歌謡大会、チーム競技大会などのアイデアが案としてたくさん出てきました。

結果は、カヌーの練習と競技大会をすることになり、これまでの陳腐《ちんぷ》なピクニックは姿を消しました。

これは、先入観が目標にまで入り込んできて思考を混乱させた一例です。

未経験の分野について案を考える時の秘訣

経験がない領域について案を考えるさいには、「仮説設定」という方法論を用いれば、これからどのような手順で案をつくるための情報把握を行なうべきかをガイドしてくれます。

ソニーでは、技術者にたいして、自分がどうしてもほしいという製品について、それを絵に描かせて、じっと眺めさせ、どうすれば理想とする夢を実現できるかを黙想させる、独自の創造性開発研修があると聞きました。

体験者の話ですが、当然、技術者として世のレベルをはるかに超える製品を自分の誇りをかけて描きます。達成過程など、ハナから考えずに描いていきます。描き終わったとき、自分の胸が高鳴るそうです。そこで、沈思黙考、これをどうやって実現するかを考えるのです。自分の実現仮説が出てくるまでじっと見つめていると、頭が火照《ほて》ってくるそうです。そのうちに、あまり熱くなるので、このまま考え続けると、頭がおかしくなるか、気が狂うかという予感を感じるようになるそうです。凡人はここで怖くなって考えるのを停止するそうですが、画期的な開発をする人は、この恐怖感を乗り越えていくといいます。

ホンダのCVCCエンジンの開発者である久米元社長は、開発中のエンジンを机の上に置いてじっと眺め、数日間まったく動かず、ほかの人が深夜帰宅するときもその姿勢を

実現可能かどうかはさておき、まずは「仮説」を立ててみる

変えず、翌日出社しても同じ姿勢を続けていた、という話を目撃者から聞いたことがあります。皆が気を利かして、パンやお茶をもっていっても、あまりに集中しているので誰も声をかけられなかったそうです。

仮説とは、たぶんこういうことがあるのではないか、こういうふうに考えれば説明がつくのではないか、という過程の論理です。このとき、実現可能であるかどうかという確率はさておいて、まず理想的にいけばこういうことができるかもしれない、という考え方で理想論、あるいは都合のよい論理を展開することが入り口です。そして、その理想論に障害として立ちはだかる要素を見つけ出し、ひとつひとつ叩き潰《つぶ》していくのです。創造的な思考プロセスとは、このような理想論とその実現仮説設定を含むものなのです。

事例研究⑮ 環境事業に進出を狙ったものの…

新規事業分野に参入するには、未知への挑戦過程であるために、仮説設定力が試されます。

ある企業が、環境分野に新規事業で参入しようという方針を立てました。さっそく5名ほどの人材が集められ、この企業ではまったく経験のない分野の検討を開始しましたが、すぐさまこの5人は悲鳴を上げました。廃棄物処理だけでも大変な裾野《すその》の広がりようで、とてもじゃないが全体の状況がつかめないので増員をしてくれとのことでした。

しばらくして、部分的な領域だけをやっていたのでは成功の可能性は少ない、非公害物質の開発やリサイクルシステムの開発、省エネルギー対策など全体の検討をしなければ参入領域は決められないということで、たちまち100人ぐらいの調査部隊になってしまいました。

ところが、この100人は周辺分野を調べるばかりで、具体的に事業として何をやるかについてはまったく提案をしてきません。いくら調べても案が出てこない、そのうちに調べたことが古くなり、また調べ直す、という悪循環にはまり込んでしまいました。

そこで、仮説思考の名人が投入され、またたく間にこの悪循環は断ち切られました。仮説のない調査にまったく意味はない、ということで、「市場を特定した事業の構築」「技術を特定した事業の構築」「生産体制やインフラを特定した事業の構築」「ソフトを特定した事業の構築」という4つの仮説を立てることで可能となる事業を計画し、理想的な事業の姿を描いて実現性の検証を行なったのです。新しい事業の方向が決まるまでに、1か月しかかかりませんでした。

案づくりに行き詰まったら「身体」で考えよ

目標に立ち返り、先入観を排除し、理想像への仮説設定アプローチを進める——。このような方法論を展開すれば、次々に名案が出てくるかというと、そうはうまくいきません。方法論はあくまで無駄なことを避けるための道具であって、最後は自分の「意志」と「執着心」ということになります。

本田宗一郎氏は、「案が出るまで、奴を屋根の上に乗せて梯子《はしご》を外せ」といわれました。本田氏の「機械の速度を10倍に上げよ」という目標にたいして、社員たちは「どんな案を考えてもそれでは機械は摩擦で焼けてしまいます。理論的にも経験的に不可能です」と反論します。すると本田氏は、「なぜ焼けるのだ。それを解決すればよいではないか」と命じます。そこで、「ベルトの温度が上がるからです」と答えれば、「なぜベルトの温度が上がるのか。それを解決せよ」と返ってきます。どこまでいっても「なぜか？」と問われ続けるので、社員たちは早く屋根から下りたい一心で、しだいに「なぜ？　なぜ？」と考え続けようになる――。

この執着心こそが、戦後のわずかな期間でホンダを世界有数の企業に押し上げていったのです。人間誰しも、楽をして他人よりよい成果を手に入れたくなるものですが、そうはいかないということでしょう。

米国にある創造性教育で、理想像の案に自分でなりきれという訓練があります。鳥が理想像であれば鳥に、魚が理想像であれば魚になるのです。こんな機械が理想と思えば、その機械になりきるのです。箱をつくってその中に入り、期待する作業をしてもらっているという仮定で、その気分を外から質問します。気持ちよく動いているか、どっか引っかかっていないか、痛くはないか、それに答えてもらって後から会話を分析します。そのなかから、ネックポイントの発見と解決方法のヒントを見つけ出します。身体感覚を類比的に活用して発想しようとするものです。

ある製鉄企業のエンジニアが、高炉《こうろ》から出てきた熔《と》けたままの銑鉄《せんてつ》をいったん冷却することなく圧延機《あつえんき》にかけて連続的に圧延する方法の開発に挑んでいました。高炉から出てきた銑鉄を内部は熔かしたまま外側だけを冷やして四角く固め、連続的に引き出していくことが必要でしたが、その成型用の鋳型《いがた》に熔湯《ようゆ》（熔けた鉄）が張り付いてしまうのです。

連日連夜の挑戦をしているとき、その技術者は夜中にくたびれてトイレに行きましたが、どうしてもスッキリ小用がたせません。思わず身体を振ったのですが、そのとき「そうだッ！ 鋳型を振ってみたらどうだろうか」と思いつきました。これで熔湯が流れるようになり、世界ではじめて連続鋳造の技術が確立しました。これが、今日の日本の製鉄技術の発展に大きく貢献しました。とことん考えた末に、光明がさしてきた事例です。こうなると、頭で考えるより、「身体」で考えているところにまで至っているのです。

よりよい「案」を設定するためのチェックポイント

「楽するな、あきらめるな、執着せよ」ということを前提に、次の点を確認してください。

⑴ 案が、目的や目標に合致しているか、因果関係を考える（この案で目的と目標が達成できるか？）。

⑵ 目標ひとつごとに考えられる案があるか、それを組み合わせた案があるかを考える（組み合わせ案がいくつか考えられないか？）。

(3) あまり有効でないと思われる案を考えて、その欠陥を挙げて参考にする（ほかの案の欠陥に打開のポイントがないか？）。

(4) 平凡な案しかないときに、先入観が入り込んでいないか考える（他人はこの案をどう思うだろうか？）。

(5) 経験がなく案が出てこないときには、理想像と仮説設定で検証情報を集める（理想案はどこが駄目なのか？　どんな情報を集めて駄目な理由を検証すればよいか？）。

5 最適案の「リスク」を洗いだし万全の対策を講じる技法

魅力的な案ほど、すぐに実行に移したくなるものです。しかし、そこでいったん立ち止まれるか否かが、勝負の分かれ目になります。最適案には、必ず「リスク」が伴います。リスクを軽視して突き進むか、グッと我慢して綿密な策を練るか。結果は明らかでしょう。

最適案がはらむ「リスク」にはどんなものがあるか

案を考えるさいは、できるだけ前向きに積極的に考えることが大切です。実現不可能なのではないかなどと考えてしまうと、挑戦的なアイデアが途中で萎《な》えてしまいます。ですから、案づくりを完了した段階で、今度は逆に徹底して選択した最適案の弱点を検討しなければなりません。

案のリスクとは、案を採用して実行したときに想定されるまずい出来事です。案のリスクは、「候補案を選択したときは目標を達成できると思ったのに、実際にやってみたらそううまくはいかないかもしれないというリスク」「状況が変わったせいで目標自体が変わってしまうかもしれないというリスク」「案自体が予定どおりにつくれないかもしれないというリスク」「案の実行が周辺に影響を与えるかもしれないリスク」などに分かれます。

最適案のリスクを評価する目的は、案が最終的に目的と目標を達成するうえでの障害要件を乗り越えることができるであろうか、という判断をするためです。

リスクには、起きる確率と起きたときのダメージの大きさの程度があり、どの程度の確率で起き、どれだけの被害が予測されるかで、この最適案が受け入れ可能であるかが決まります。確率や程度は、これまでの経験にもとづく推量となりますが、統計的に判断できる場合もあれば、直感で補うしかないこともあります。

リスクを超えるには、リスク対策をほどこす、あるいは準備しておく必要があります。これには費用がかかりますので、場合によっては最適案が見送られ、次善の案がかわりに採用される場合もあります。

リスクが浮かばない時こそリスクは大きいと自覚せよ

この案が実行できれば、夢にまで見た成功を手中に収められる、あるいは現在の苦境を超えられるかもしれない、そう思ったとたんにリスクには目をつぶりたくなるものです。

また、イケイケ型の人であれば、自分の気に入った案であれば、すぐにでも行動を起こしたくなります。

バブル時代には、多くの人が金融投機をして、大切な資産を減らしました。日本全体で数百兆という膨大《ぼうだい》なお金が消えてしまいました。今でも、バブル崩壊で抱えた膨大な負債の清算で、国民は苦しめられています。企業も国家も家計も過去の借金の返済に忙しく、かつ忙しいわりには元本の返済もままならないという状態です。リスク無視のツケは大きいのです。

米国でも、投資金は永久に高い利息を生み続けるという幻想が生まれ、リスクへの配慮は軽視されました。米国人だけが享受できるニューエコノミーが生まれたと皆が考え、金融商品が買い続けられ、やがて暴落が襲いかかり、多くの善良な市民が資産を失いました。

それでは、何もしないのがいちばんなのでしょうか。瓶《かめ》のなかにカネを入れて縁の下に隠しておくのがよいのでしょうか。デフレのあとには悪性インフレが起きるのは歴史の教訓です。ですから、そう簡単な話でもありません。何もしないリスクは、ときには何かをするリスクを上回ることはしばしばあるのです。

事例研究⑯ おいしい話に目がくらんだ財務担当者の悲劇

ある大手企業は、採算が悪化し累積赤字がたまって資金繰りも苦しくなっていました。財務担当の責任者は、銀行を駆けずり回りましたが、そのつど多少のつなぎ資金が得られるだけで、大きな組織を動かすための必要資金が用意できません。

そこに願ってもない話が舞い込んできました。元大蔵大臣の秘書という人からの紹介ということで、大量の資金をもっている人が低利で融資をしたがっているので借りないかという持ちかけ話がありました。そこで、そのリッチマンと食事をすることになり、ホテルのレストランに行きましたが、元秘書と一緒に元大臣も同席しました。その席では、お金の話はいっさい出ないまま、世間話で終わりました。

翌日、当のリッチマンから、「1兆円の資金があるので、いくらでも貸す。ただし、貸す前提として、担保に××億円の抵当を先に入れてほしい」といわれ、なけなしの金繰りをして相手先の口座に振り込みました。ところが、リッチマンは、その金を抱えて消えてしまいました。

後からわかったのですが、元大蔵大臣は用件を何も知らされておらず、大企業の財務担当者が会いたがっていると聞かされ、何の話かと食事に出向いていたということでした。窮余《きゅうよ》の一策にたいして、リスク分析をする余裕がないところをつけ込まれたのです。

これこそ名案と思ったときでも、リスクがはっきりと自分で見つけられなければ、危険な状態にあると判断すべきでしょう。たとえば、みなさんは今就いている仕事についてのリスクがはっきりといえるでしょうか。今の仕事に満足していればいるほど、リスクのことなんて考えていないはずです。

リスクがはっきりといえない場合には、次のような要因が考えられます。

(1) 案があまりにも魅力的なので、否定的なことは考えたくない

(2) 未経験領域の案なので、予測がしにくい

(3) 世の中の動きが読めないので、案へのリスクが読めない

(4) 逆に、よく知っていることなので、リスクがあるように思えない

では、これらへの対応を考えてみましょう。

魅力的な案に惑わされてはいけない

元巨人軍の長嶋監督の野球は、魅力的な案に飛びつきまわる野球でした。「欲しがり屋」といわれていましたが、とにかく各チームの有力選手を大金をはたいて買い漁《あさ》り、ホームラン打者のオンパレード、投手も先発完投型の選手をかき集めました。一流選手集団で圧倒的な連勝を夢見るグレイトなチームが彼の願いでした。彼には、このようなチームがもつリスクを考える気持ちは必要ありませんでした。駄目ならばとっかえひっかえ代わりの選手をつぎ込めばよいと考えていたからです。残念ながら、この大金をかけた手法は、小回りが利かないというリスクを背負い、優勝回数は少なかったのです。

自動車、電器、食品、衣料などのメーカーには、ヒット商品で経営を再生しようという考えの経営者がたくさんいます。苦しくなればなるほど、何かヒット商品が出ないかと期待をかけるものです。逆転一発満塁ホームランで勝つ道を考え続けているのです。

このような社長に出会いますと、たぶん、この会社は先行き暗いだろうと私は判断しています。もしヒットしたとしても、そのときのリスクに手が打てていないからです。ましてや、ヒットしないときのリスクにも手が及んでいません。もし、リスクを真剣に追及していくと、ヒット商品は運のよいお駄賃であって、ヒットがなくても継続的に利益を出せる経営のほうが本質的に大切であるということに気づくはずだからです。

トヨタ自動車の経営を見ればわかりますが、さしたるヒット商品がなくても高収益が出る仕組みづくりに意を注いでいるのです。サービスの対応の速さと品質、保険制度の充実、情報配信、中古車高額買取など、営々と時間をかけてつくり上げた信頼感こそ利益の源泉であることを知っています。まさに、リスクへの対策を手厚く行なうことが、経営の利益の基本であることをモットーに経営がなされています。

自分が惚れてしまった案について、リスクを考えるのは、人間の本性から見ても抵抗があるのは確かですが、その結果失敗しては何にもなりません。そこで、〝仕掛け〟を考えるのです。それは、自分にたいする仕掛けと、組織的な仕掛けのふたつです。

自分にたいする仕掛けとは、「ちょっと待て」という自分への赤信号の習慣化です。部下が魅力的な案をもってきたときに、すかさず「こんな案ではダメだ！」と突き返すことを習慣にしている部長がいました。まずは、駄目を出して、それからリスクを考えます。よい案と思ったときこそ、実行時の悪い結果を予測する習慣を身につけるのです。「大丈夫だよ、早くやれよ」という声が自分のなかから聞こえ

魅力的な案ほど、じつはリスクが高いことを自覚する

てきますが、ここは3分でよいから、じっと我慢して考えなければなりません。碁や将棋の上達は、このちょっとの我慢がプラスできるかどうかにかかっています。新しい打ち手は、このリスク対策を通して開発されてくるのです。

いっぽう、組織的な仕掛けは、リスク対策マンを思いきって置いてしまうことです。嫌な役ですが、リスク発掘の専門家を育てて、過去の失敗の累積から、ジクジクと最適案に攻撃をかけさせるのです。経験的には、これはきわめて有効です。人間はプラスとマイナスを同時に徹底して考えることはできない頭の構造をしています。どちらもナマクラになってしまいます。ですから、あえて役割を決めて討議するようにするのです。役割としてやることに組織で合意すれば、結構皆で明るくやることができるのです。

事例研究⑰ あえて一枚岩にさせないホンダの伝統

ホンダでは、重要な案件については、同一のテーマにたいして異質併行でプロジェクトを2チーム走らせていく伝統があります。ふたつのチームはまったく接触することなく、独自に同じテーマについての意思決定を進めていきます。できれば、極端に異なる視点からのチーム編成が望ましいとされています。右に行きたい人と左に行きたい人とぐらいの差があればよいのでしょう。

本田宗一郎氏は、一時、空冷エンジンに夢を抱いていました。空冷ならば、砂漠で水がなくても走ることができます。ホンダは、空冷しかつくらないと宣言していました。

しかし、自分は空冷といいながらも、水冷研究部隊が本田氏に隠れて活動を開始しているのを、見て見ぬふりして承知していたといわれています。水冷エンジンの技術が発達し、砂漠でも水に困らずに走れるようになってきたとき、彼は突然「今日から水冷に切り替える」と宣言して皆を驚かせました。空冷のために開発していた技術が、水冷においても他社との差別化として利用でき、おかげでホンダは、一躍オートバイエンジンの世界トップメーカーとしての地位を確立することができました。

未経験の分野のリスク対策はどうすべきか

これこそ、リスク予測の抱えるいちばん恐ろしい側面です。人間は経験したことがないことは実感としてつかむことができません。そこで、これはたいしたことないな、と勝手に判断し、リスクを無視してしまうのです。最近、小学校では、ケガをしないようにとブランコや鉄棒をなくしてしまっているようですが、危ない経験をしない子供たちのほうがかえって大変な事故を起こしてしまうのと同じで、体感的にリスクを経験していないと、危険な行動に出てしまうことになります。

最近は、世の中の進歩があまりにも急速であるがゆえに、未体験へのチャレンジを多く要求してくるようになりました。

これまでになかった職種への就職、知らない国への住居移転、キャリアのための新しい勉強、知らない人との共同作業、未経験市場への参入、新しいソフトの開発、新技術の導入など、消化不良のまま意思決定が強要されてきます。

未経験領域のことについてのリスク対策には、次の3つの手段があります。

(1) 経験のある人の知恵を借りる
(2) 論理的な推論を冷静に働かせる
(3) チェックリストを使う

これらについてもうすこしくわしく紹介します。

(1) 経験のないことについて、想像をたくましくすることも大切ですが、経験のある人にまず聞いてみることが肝心であり、早道です。

日本人は人に聞くことをためらったり遠慮したりすることがありますが、聞くのが恥ずかしいという意識は、昔はともかく、これだけ情報が速く動いていく時代には、誤った考え方です。「聞くは一時《いっとき》の恥、聞かぬは一生の恥」ともいいます。わからないことはあって当たり前の時代ですから、何でもすぐに聞くということがよき習慣となったのです。

多くの実績を残された偉大な経営者や科学者にお目にかかってとても印象深く思うのは、彼らは自分が経験していないこと、知らないことについて率直に質問ができることでした。こんなことも知らないのですかと相手が驚くようなことも、淡々と質問できることです。

(2) 論理的な推論で、リスクを予測する方法があります。危機管理手法がこれにあたります。

まず、最適案について、採用後の実行計画をつくります。そして、この案の実行過程で、目標の達成が困難になる出来事を想定してみます。その次に、ではそのような出来事がなぜ起きるのかを因果関係で想定していきます。

たとえば、部品購入が遅れると製品の製造予定が遅れる、部品の購入遅れは購入先の品質不良で起きる、というように「なぜなぜ問答」で可能性のある原因を探って、対策を練ります。

(3) チェックリストは誰にでも使える簡便な方法です。欧米では、意思決定の種類ごとに、チェックリストが用意されています。お店を開くとき、自動車を買うとき、ビルを建てるときなど、チェックリストを有料で買うことができます。

チェックリストの問題点は、チェックポイントについてこれは大丈夫と勝手に判断して、簡単に素通りできてしまうことです。

人のつくったリストを見るときには、とくにそうなります。したがって、人のつくったものを自分流につくり直しておくことが大切です。

チェックリストを自分でつくっているうちに、リスクを見る視点が育ってきます。これは、何よりの宝物です。時間的要素、人間的要素、資金的要素、環境的要素、自己のコンディションなどなど。

こうした分類整理をするなかで頭のなかに習慣的なリスクチェック回路が育ってきます。そして、失敗をすればするほど、このインサイドマニュアルが豊富になり、頭の回転スピードも速くなります。

事例研究⑱ わざと失敗体験をして「完全マニュアル」を作った会社

「経験しないことはわからない」ということを原則にして、経営を進めている企業の例です。

同社は、海外の進出にあたって、それぞれの国ごとに、経営条件がまったく異なることを嫌というほど体験してきました。その相違は、本社でいくら想定してもとうてい対応できないということを知っていました。

そこで、海外進出にあたっては、まず先行部隊を投入し、自社の名前を出さずに事業をはじめさせて、徹底的に失敗体験を積ませることをルールにしました。やりたいように勇猛果敢に事業を展開させ、失敗することを歓迎したのです。

失敗しつくしたところで、本番の部隊を送り込み、この経験をもとに事業プランを立てさせ、論理的なリスク対応を準備させました。

実際に事業が立ち上がると、全社員にリスク対応マニュアルを部門ごとにつくらせて運用してもらうことにします。つまり、先に述べたリスク対策を三重にはかせているのです。それでも、失敗は起きるのですが、ここまでやっておくと、失敗時の回復策の実行スピードは抜群に速くなるのです。

リスク想定を可能にする社会変化の予測法

世の中の変化を読み違えて損をしたことがある人は大勢いるでしょう。バブル期にゴルフ場投資をした建設業者、ネットビジネスを早く立ち上げすぎて倒産したネット業者、携帯電話の普及について見誤ったため参入の機会を失った業者などなど。天下のＩＢＭも、パソコンとそのＯＳの普及についての見誤りをしたのですから、どこでも誰でも読み違えをしていると考えてよいでしょう。

かつては、海外留学でＭＢＡ（経営管理学修士）の資格を取得すれば、外資系を中心によい仕事が見つかる時代がありました。

しかし現在では、多くの人がＭＢＡをとったためにその希少価値が減少してしまい、また、ＭＢＡそのものの有効性の限界が見えてきて、昔ほどその価値は認められなくなってきました。

なかには、条件としてまったく考慮しないという外資系も増えてきました。

せっかく海外で勉強してきたのに、日本に戻ってきたら様子が異なり、ＭＢＡをとったためにかえって就職先から敬遠されたりすることもあったりします。10年前には考えられないリスクです。

しかし、世の中の変化は予想しにくいというのは、間違った思い込みです。自分にはそんな予測力がないと勝手に決めつけているケースが多いのです。世の中の変化なんて、誰でも本気になって予測しようとすれば予測できると決めてかかったほうが、先行きの変化が見えてくるものです。

世の中を予測するもっとも有効なメジャーとしては、「成長」と「衰退」がキーワードであろうと思います。何がいつ上向きになり、何がいつ衰退するかを予測すればよいと単純に考えてみましょう。これにくわえて、その程度も予測できれば、あなたはもう立派な予測家です。

名の知れた予測家でも当たる確率はせいぜい50％くらいのものです。予測家で売り出すためには、徹底した楽天派か悲観派かという旗色《はたいろ》の鮮明さが要求されますので、どちらかのスタンスをとり続けるのです。ですから当たる確率は半分ということになります。すべての事象は上がるときと落ちるときがあるのですから、片側を主張し続ければ、確率としては半分は当たるのです。

この考え方に従って、もしあなたがある主張を続けたとします。そのときに説明しにくい点がかならず出てくるはずです。その説明しにくい点こそ、予測の成否を決めるカギですから、仮説の具体化を求められるポイントになります。

次に必要なのは、何について予測をすべきか項目を設定することです。経済では何、政治では何、技術では何という項目を分類し、体系化をはかっておかなければなりません。

リスク予測のユニークさは、ある項目について上がる、下がると両方の予測をしてかまわない、むしろすべきだということです。上がったら何がリスクとして起きるか、下がったらどんなリスクが起きるかと考えることになります。

にわか予測家になって、予測を並べてみましょう。円は年末に135円になる、日本のGDP（国内総生産）は停滞を続ける、2005年には中国産の電子機器が日本の市場の30%を占めるようになる、九州地区が日本という産業ブロックから抜け出して独立経済圏を目指す動きをはじめる、などと並べてみて、実際にそうなると自分の進めている仕事がどんな影響を受けるかと発想すればよいのです。

こうした予測を意識的に続けていれば、知らぬ間に物事を予測しながら考える視点が自分のなかで育ってくるのです。

「慣れ」というリスクを見逃してはならない

これまで同じようなことを繰り返しやっているので、どう考えてもまずいことは起きないと思えることがあります。まかせてちょうだいと自信をもっていいたいときです。多少のリスクがあっても、何とかなるさというほどの自信ですが、根拠は不明。これまでやれてきたということでしかありません。しかし、世の中は変わっていくのですから、同じやり方ではどこかでズレが生じてくることもよくあるのです。

雪印の事件は、まさしくこのような慢心の状況下で起きました。業界トップの座にあり、エクセレントカンパニー（超優良会社）といわれていたのが、停電により殺菌されなかった原料をそのまま商品加工工場に送り、それが膨大な人に害を与える事故につながりました。その間の顧客対応、事故原因解析における経営者の不遜《ふそん》な態度が事故に輪をかけ、とうとう栄光の座を退く羽目になったのは、みなさんもよくご存じのところです。

これまでは、内部情報を隠して辻褄《つじつま》を合わせることによって、事故の影響の広がりを抑えることができました。しかし、現在は食品や医薬品については、事故と同時に調査機関や報道機関が素早く検査態勢に入り、ごまかすことができないようになってきています。当時の社長はその変化に気づかず、内部の口封じで逃れようとしたのです。その後も、電力会社などで事故報告義務が履行されないなど同様の不祥事が起きていますが、隠匿《いんとく》体質からなかなか抜け出ることはできません。事件が起きても隠しとおせるかもしれないという思いが、事前のリスク予測を甘くしてしまっているのです。

じつは、同一産業のなかで企業力の差が大きく開いているケースを分析すると、ある時期における技術力の差や資金力の差ではなく、日常的な側面における徹底したリスク対応力の差が企業の力の差をつくりだしたことがわかります。小さなリスク分析を積み上げて大きな事故が起きないような工夫をしていることが、結果的には大きな業績の差を生み出すスタートになっているのです。

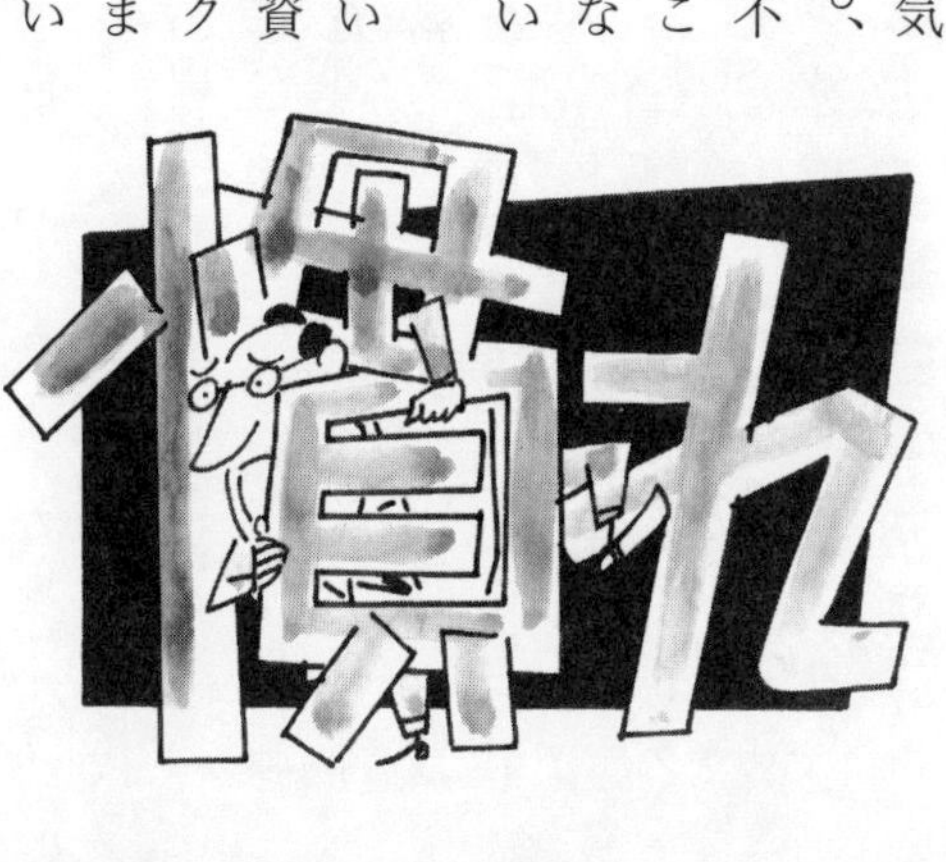

「慣れ」という落とし穴にハマってはいけない

事例研究⑲ 死中に活を求めた某半導体メーカー

半導体メーカーは、3年ごとに集積度が世代交替する製品の開発競争を行なっています。次世代競争に取り残されると、業界からの離脱を強《し》いられるハードな競争です。

ある半導体メーカーが、この競争から取り残されそうになりました。他社が次世代のサンプル出荷をはじめているのに、その前の世代の製品の立ち上げが遅れたため、技術陣を次世代開発へ投入することができませんでした。通常2年はかかる次世代製品の開発を10か月以内でやれなければ脱落必至でした。

技術陣が集まり、10か月でやれるか、それとも脱落するかを決める会議がはじまりました。当社は技術力が弱いからこのような結果になった、厳しい次世代の製品を半分の期間で出せるはずがない、という意見が大勢を占めました。

さっそく意思決定コンサルタントがよばれて、10か月で開発完了した場合のリスク分析が行なわれました。設計や製造についての難題が5つほど出てきたので、コンサルタントは前世代での開発で、同様な課題があったかどうかをたずねました。すると、前世代が遅れてしまったのは、まさにこれらの課題がネックであったことがわかりました。

そこで、これらの課題が遅れた原因がどこにあったかを追究していきました。驚いたことに、新しい技術要素の取り込みが原因になっているようなものは何もなく、最初の目標設定の段階で部門間合意ができていない、中間での各部門での変更が部門間情報として流れていない、会議での決定事項の解釈が異なっていたなど、コミュニケーションの整流の悪さからすべての遅れが生じていることがわかりました。

開発プロジェクトを全員同室に配置し、情報断線のリスクを徹底的にマネジメントした結果、同社は6か月で次世代の開発に成功しました。伝えた、いや伝えていないというだけのリスクが積み重なると、事業そのものを腐らせてしまうというリスクの事例です。

よりよい「リスク予測」のためのチェックポイント

リスクは、案を実行していく過程で、目的や目標の期待どおりの実現を妨げる要因です。

リスク予測での問題点は、大切なリスクを見落としてしまうこと、気がついているのにそのリスクを軽視してしまうこと、乗り越えられるリスクであるのに過大視して、案の実行を控えてしまうことです。次のチェックを心がけてください。

⑴案が実行されても、目的や目標が期待どおりに達成できない要因を考える（何がうまくいかないと、目的や目標を達成できなくなるか？）。

⑵案自体が計画どおりに実行されない要因を考える（何がうまくいかないと、案が成り立たなくなるか？）。

⑶外部の環境変化が案に与える影響を考える（どんな環境変化があると、目的―目標―案についての前提が崩れるか？）。

⑷多数の人が絡みあう接点について、協調がとれない要因を考える（どんな接点で、コミュニケーションがうまくいかなくなるか？）。

⑸時間的に厳しいポイントについて、遅れの要因を考える（どこで遅れると、案の実効を削《そ》いでしまうか？）。

⑹未経験の領域について、最適な予測方法を考える（誰の知恵を借りることが必要か？）。

6 「実行計画」を立て、ぬかりなく「リスクマネジメント」する技法

意思決定は、目的→目標→案の作成で終わりではありません。実行段階に入っても、状況はたえず変化し、不測の事態は必ず起きます。所期の目的を確実に達成するには、目的、目標、案の見直しが不可欠で、行動しながら状況を判断できる知性と勇気が求められます。

「リスクマネジメント」は実行計画の完遂に不可欠

最近、「リスクマネジメント」という言葉がよく使われるようになりました。その背景には、食品会社が相次いで起こした不祥事、電力会社の事故隠蔽《いんぺい》、銀行の国有化、テロによる破壊活動、北朝鮮の核装備などの時代不安があるようですが、「火の用心」といいながら何もしないのと同じで、「リスクマネジメントを行なってリスクに注意しよう」程度のことですませてしまう人が多いようです。

リスクマネジメントは、そんなに軽々しいものではありません。もっと、しっかりとした目的と方法論をもって実施されていくべきものです。

漠然《ばくぜん》とした不安にたいして意識の準備をするという段階を超えて、目的を達成するために行動的準備をしようとするものです。

リスクマネジメントを行なう目的は、意思決定過程で採択した実行案を計画どおりに遂行し、所期の目標を達成することにあります。目的や目標があるから、リスクマネジメントが必要になるわけです。

もし目的や目標がなければ、どうなってもいいのですから、リスクマネジメントは必要ありません。

心配症の人は、目的もなく心配します。地球環境が汚染される、経済が沈滞する、日本が老人大国になる……などと心配します。

「では、あなたはどうしたいのですか？」と質問しますと、「わかりません。ですが、とにかく心配なんです」と繰り返します。

すると私は、「そんな心配は何の役にも立ちませんよ。まずは、あなたがどうしたいのか目的と目標を決めて、そのうえで行動を起こすさいに起こりうる事態を心配するのなら別ですが」とアドバイスをします。

他人任せで当事者意識がなく心配する人は、けっきょく、心配事を増幅させる側の一員になっているにすぎないのです。

意思決定した最適案は、かならずリスクを抱えています。とくに、高い目標にチャレンジしているときには、目標の高さに比例してリスクも高まってきます。案の実行過程は、これらのリスクとの激しい戦いになるのです。

また、意思決定をしたあとにも環境は変わり、実行計画の周りの状況も日々変化していきます。意思決定時に採用した推量や仮説が、進行するにしたがって明らかになり、目的や目標の見直し、あるいは案自体の見直しも迫られます。

この過程で起きる、予測していたリスク対応策の発動、また、予測しなかった突然のリスクへの緊急措置をマネジメントするのが、リスクマネジメントなのです。

リスクマネジメントの正しい進め方

意思決定した最適案は、それを実行に移して、所期の目標を達成しなければなりません。リスクマネジメントのスタートは、「いつまでに、何の案を実行・完了して、何々の目標を達成する」という意思を表明することからはじまります。

案の実行については、案についての実行項目を分解して、それぞれの開始と終了時期を定めなければなりません。また、実行項目間の関連性を把握して、接点がうまく連携する計画も立てなければなりません。案の実行計画の詳細化がリスクマネジマントの基本となります。

この計画を見ながら、リスク発生について、次の観点からの検討をはじめます。

(1)実行案に含まれている仮設前提や推測は何か（つまり、ここがうまくいけば成功するし、また何とか成功するであろうという期待込みで計画がつくられているところ）。
(2)外部の環境変化が起きて影響をこうむりそうなところは何か(政治、経済、社会、法律、競合、市場などの環境変化が影響を及ぼしそうなところ)。
(3)多くの関係者の判断や仕事が絡みあう接点はどこか(利害対立、情報連鎖、コミュニケーション、能力ギャップによるバランスのズレなどが生まれそうなところ)。
(4)時間的に厳しそうなところはどこか（ここが遅れてしまえば、全体の計画が成り立たなくなるところ)。
(5)上記(1)から(4)について具体的に起きそうなリスクを想定し、起きる要因を考え、要因を取り除く発生防止策を準備し、必要な時期に発動する。
(6)発生防止策にもかかわらず、結果的にリスクが発生してしまったときの挽回策を準備し、必要なときに発動する。
(7)予測できないリスクがどこかで発生することを想定し、そのときの緊急策をとれるようにしておく。

以下、リスクマネジメントについて、実際的観点から考えてみましょう。

意思決定しても「行動」しないのでは無意味

意思決定は行動してはじめて意味をもちます。意思決定はしたが何もしなかったということがあれば、それは外から見れば意思決定しなかったのと同じことです。選挙のときにある政党に投票しようと意思決定したとしても、当日投票所に行かなければ、意思決定しなかったのと同じことになります。彼女と結婚することを決めていたのに、それを表現しなかったので、彼女が結婚の意思なしと見て別の人のところに行ってしまった、というのはよく聞く話です。

このように、決めているということと、実行しないという狭間《はざま》には、どんな心理の谷間があるのでしょうか。戸惑い、迷い……など、この心理解明が求められるところです。

理由はふたつあると思います。ひとつは、確かに決めはしたが、100点ではないのでモチベーションが高まらないということ。もうひとつは、どんな決定にも100%のリスクはかならず含まれるので、リスクが怖いということです。100%の満点か100%のリスク回避がなければ行動しないという心理は困ったものです。100点はなくても、60点なら行動せよと行動力のある実務家は主張します。60点で行動する習慣をもたなければ、人は行動する機会を失うと考えるべきなのです。

プロ野球の投手の球は速いので、山をかけて打ちにいかないと、理論的にはバットに当てることができないそうです。これまでの経験から、たぶんこうであろうということで振りにいく。当たればヒット、当たらなければ空振りかチョロ。しかし、とにかく振らなければヒットは１００％出ない。思いきって振るという行動に出なければ、打者としての価値はありません。

ホームランバッターに三振の数が多いのは、やはり山をかけて思いきり振り抜くからで、逆にいえば、そのくらいの振り方をしなければホームランは出ないということでしょう。山をかけるということは、山が外れる可能性も相当あるということです。当然リスクを冒して、３割の成功確

行動しなければ
何も始まらない

率を期待して意思決定し、行動を起こしているのです。

野球はひとつひとつの結果が見えやすいので、3割打てば名打者となりますが、仕事になると、途端に成功か失敗かという評価がしにくくなります。結果が数年先になって出てきたり、また、たくさんの要因が関係していて、どの要因が決め手であったかを特定しにくいところがあるからです。

松下幸之助氏は3割打者であったといわれます。ソニーでは、新しい事業の意思決定でヒットする確率は1割くらいといわれているそうです。これでも相当上のほうですから、一般にはもっとヒット率が低いのではないかと考えられます。リスクマネジメントは、最適案の成功確率を引き上げるのに不可欠なのです。

失敗を成功の糧にできるかが人生の別れ道

ゴルフをなさる方なら、「シングルプレーヤーになりたければ、ダンプカー一杯分の練習ボールを打て」という言葉を何回か聞かされたと思います。どんどん失敗ボールを打ちなさいということです。練習書には、「練習所では失敗ボールを打って、なぜ曲がったかを考え、同じ失敗ボールを何回も打て。まっすぐな球を打つより力がつく」と書いてあります。
「失敗は成功の母」といわれますが、あえて失敗をすることで、逆に失敗をしないことの条件がわかるのです。仕事でも、会社を潰《つぶ》さないような失敗であれば、一時の損失があっても、失敗で育つ人材の価値のほうが高くなるというくらいです。失敗かどうかは、やってみなければわかりません。試して行動することの早さと速さが、成功を手元に手繰《たぐ》り寄せます。

本田宗一郎氏は、新しいことに挑戦すれば、何回か失敗するのは当たり前ということを社内に徹底させていました。失敗は勲章であり、自分はこんな大きな失敗をしたというのが、自慢話になるくらいでした。ホンダがはじめて樹脂製のホイールカバーを開発し、自動車ショーで展示をすべく車を会場に走らせました。着くと、ホイールカバーはタイヤの熱でグシャグシャになっていました。あわてて取り換え品を運ばせて展示したそうです。こんな失敗談を楽しそうに話してくれるのです。

営業の世界は「駄目でもともと。駄目をどれだけ多くつくれるかが成功のもと」だといわれています。ある種の営業では「千三《せんみ》つ」が普通とさえいわれています。3つの成功は、997の失敗のお駄賃ということになります。ですから、失敗の営業を繰り返すことが、成功を手繰り寄せてくれるという価値を生んでいると考えています。

ある医薬品メーカーの研究所には、1000人以上の研究者がいて、毎日、微生物の反応を顕微鏡で調べています。ひとりひとりが数百種類のバクテリアを与えられて、いろいろな試料にどう反応するかという実験を明けても暮れても繰り返しています。どのくらいの確率で有効なバクテリアが見つかるのかと聞きますと、この1000人のなかで誰かひとりが、10年間のうちに何かひとつでも見つけてくれれば、それで会社が成り立つという説明を受けました。千三つをはるかに超えた確率への挑戦をしているのです。しかし、失敗はなぜ失敗したかを反省し、失敗しないためにはどんな条件が有効であるかがわかってこそ、はじめて価値を提供することになります。

事例研究⑳　「インテル」が世界を制してきた秘密

世の中には「失敗こそ当社の価値」ということに本気で取り組んでいる企業があります。「インテル・インサイド」で有名なインテルです。普通の企業は、成功した事例を蓄積し、共通財産として活用しようとするのですが、同社は成功事例ではなく、失敗事例を企業の共通知識財産として使ってきました。

同社は、パソコンの頭脳部分のマイクロチップスで世界を制覇していますが、そのため、つねに新しいチップスを設計していかなければなりません。同社は、そのためのデザイン用ソフトをもち、これを同社のコア・コンピタンス（中核競争力）に据えています。このソフトは、ユーザーが設計をしているときに、おかしな設計をすると警告を発するようになっています。過去に同様の設計をして失敗した人の体験がインプットされており、同じような設計をする人がいると、それでは失敗してしまいますよということを、過去の事例から教えてくれるのです。したがって、設計者は安心して設計を進められます。マイクロソフトのこのシステムの有効性を高めるために、インテルの設計者は、失敗があったときに、かならずその失敗がどのようにして起きたかの情報を本社に提供する責任を課されているのです。

「何もしない」ことは最大のリスクと心得よ

論理的にいって、世の中は進歩発展し、顧客の動向も変わるのですから、世の中の変化を先取りして自分を変化させていかなければ、仕事は続いていきません。

リストラがなぜ起きるかといえば、これまで必要であったサービスや商品が不要になったことで、その不要になった部分に就いて仕事をしていた人たちの食い扶持《ぶち》を創出できなくなったからです。リストラをする経営者は、じつは落第経営者なのです。リストラをするときには、まず経営者がみずから進退を正しく決めるべきです。そのケジメがなければ、従業員は浮かばれません。

問題は経営者だけではありません。企業が何とかしてくれるだろうという甘い期待でぶら下がっている社員にも責任はあります。社会の変化にたいして、自分は会社を辞めても、ほかで十分通用するかという反省を誰もがすべきなのです。強い会社とは、会社がなくても十分戦える人たちが集まっている会社にほかなりません。

心配症にかかっている人がいます。会社が続くか、仕事は続くか、人間関係で大変にならないか、家計は大丈夫か、はては大地震は起きないか、北朝鮮のテポドンが落ちてこないか、彗星が地球に衝突しないか、道を歩いていて襲われないか、身体を壊さないか……。そんなことで思い悩んでいるうちに、部屋に閉じこもりがちになり、フトンをかぶって寝る時間ばかりが増えていきます。心配の深みにはまると、なかなか抜け出られなくなり、神経症にまで発展してしまいます。しかし、残念なことに、こんな心配は何の役にも立たないのです。

人間は、歴史の流れに合わせて、日進月歩で歩まなければならない宿命をもっています。家康の「人生とは重き荷を背負うて、長き道を行くものの如くと心得たり」はまさに名言です。その過程でのリスクはいろいろありますが、とにかく向かうべき方向に進んでいくことが大事です。

何もしないリスクは、人生ゲーム双六で毎回お休みの権利を行使しているようなものです。戻るリスクがあっても、前へ進みさえすれば、いつかはアガリに到達できるのです。

事例研究㉑ 「心配屋さん」が案の実現を阻む

やや難しい話です。ある化学メーカーが米国に研究所を設置し、成長分野の技術開発をはじめました。当初の期待に反して、3年たっても収益につながる成果は遠くにかすんだままです。研究所所長は、本社の心配屋さんの餌食《えじき》になりかかっていました。経理とか管理とかいう部門が、計画書を出せ、予算を削減せよ、などと圧力をかけてきます。本社の社長は技術の目利きですから、筋のよい技術ならばいつかは花開くことがわかっていますので、研究所所長には、カネや時間を気にせず正しい道を突き進むよう指示が出ています。

研究所所長は社長にたいして、「彼らのいうことは社長のお考えとはちがう」とクレームを申し出ました。そこで、社長は心配屋さんを集めて、「余分な口出しをしないように」と指示を出しました。心配屋さんはその場では表向き了承したものの、研究所所長にたいして、「社長はあのようにいわれるが、本心では経費を削って、早く成果を出してほしいと思っておられる」などと述べ、けっきょく、研究所の目標を下げる算《さん》段《だん》を陰からたくらみ続けました。何もやるなというに近い指示を出したりしたのです。

これは、心配屋さんがよかれと思ってやる典型的な確信犯的行動です。結末は、心配屋さんの配置転換で決着しました。

リスクと「友達」になって自己を発見、開発する

成功を導く意思決定は、未知への挑戦であり、高い目標への挑戦ですから、当然高いリ

スクがかならずついてきます。高いリスクに怖《お》じ気《け》づいて手を緩めてしまうか、高いリスクで心が燃えたぎってくるかが人生の別れ道です。

行動する人は、高いリスクを見ると、何とか越えてやるぞと胸がときめくのです。ヒラリー公爵が、エベレスト初登頂への挑戦動機を聞かれて、「Because it is there.（そこに山があるから）」と答えたのは有名ですが、リスクに挑戦するのは、そこに大きなリスクがあるからです。

自分の思考力と行動力を鍛えて、壁を何とか乗り越えようという気持ちは、人間が本来的にもっている本能です。仕事の中核は、この困難への挑戦に尽きますし、困難でない仕事を上手にこなしたとしても、本当の感動は味わえないのです。人間が本当に感動するのは、頑張った自分を自分自身が客観的に評価してくれたときしかありません。これは理性的な感動であり、感情的な感動を超えるものです。

こんな自己発見と自己開発をもたらしてくれるリスク君を敵とすることはありません。リスクは仲間でもあるのです。やってきてくれたら、ありがとうとお礼をいわなければならないのです。

「旅は道連れ、世は情け」「リスクは道連れ、失敗は（教訓を授けてくれる）情け」です。であれば、リスクと道連れになりながら生きていく方法を探究すべきなのです。リスクを敵とする人からはこの発想は生まれてこないでしょう。歴史に残る英雄や、天才といわれる科学者は、皆このリスクをおもしろがる人たちでしたし、リスクの処理方法を探究した人たちだったのです。

事例研究㉒ 戦時中も昼寝を欠かさなかったチャーチル

第二次世界大戦で連合国を勝利に導いた英国のチャーチル首相は、リスク対応の大家でした。彼は、「判断できるところが判断すべきである」という考え方の持ち主で、情報把握ができない人たちが立てた作戦を嫌いました。

本国ですべき判断と現地がすべき判断の仕分けを明確にし、権限委譲を進めました。今こそ攻め時という判断は、現地の者にしかわからないからです。そのかわりに、情報だけはすべてチャーチルに入るようにしておき、戦況に合わせて、判断権限の委譲の仕組みを柔軟に変更していたのです。それさえしておけば、たとえドイツ軍がロンドンの爆撃に編隊で飛来しても、いちいち自分が慌《あわ》てふためいて直接指示する必要がありませんでした。

対戦中、チャーチルは昼寝を欠かさなかったといいます。1日2回の睡眠と、睡眠後のゆっくりとした入浴という彼の日課は、ロンドンがドイツ爆撃隊の空襲にさらされても変わることがなかったのです。リスクマネジメントがきちんとできていればこそのことでした。

「受け身のリスクマネジメント」をする限り失敗は繰り返される

「攻撃は最大の防御なり」という心が、リスクマネジメントの基本的な考え方です。受け身のリスクマネジメントは逆に危険です。攻めのリスクマネジメントと受け身のリスクマネジメントを比較してみましょう。

ボクサーが試合に臨むとき、「相手に打たれない」という意思で試合に臨んだ場合と、「相手を打ち倒す」という意思で試合に臨んだ場合とでは、どちらの勝率が高くなるかということです。

前者は、とにかく相手のパンチから逃げ回り、ガードに専念することになるでしょう。

打たれなくても負けになります。くわえて相手は、打たれる心配がないと見て、どんどん打ち込んできますので、受け身に回っているスキを狙われ、逆にパンチをもらう確率が増えてしまいます。

後者は、相手を打ちにいきますから、スキをつかれ、いっけん打たれる機会も多くなるように思えますが、相手も防御姿勢をとるので一瞬のスキができますし、打ち込んだあとに打たれることへのリスクマネジメントもやりやすくなります。

工場災害、品質不良、顧客との不祥事などが相次ぐ企業では、この受け身のリスクマネジメントが横行します。災害を出さない、不良を出さない、不祥事を出さない、というリスクマネジメントが深刻な気持ちで推進されます。災害が出そうなところ、不良が出そうなところ、不祥事が出そうなところへの監視、査察、点検が行なわれ、過剰な遵守《じゅんしゅ》事項が強制されます。そのためのコストが増大し、業績はみるみる下がります。

会社の存続が危うくなるまで業績が下がると、こんなことはいつまでもやっていられない、と裏側で遵守事項の手抜きがはじまります。そこで、次の不祥事への機会が増大します。このような受け身のリスクマネジメントは、誰もが何の挑戦もしない、言い訳にするための暗い作業です。

最初の不祥事がなぜ起きたかが問題なのです。もともと無理を承知の仕事を放置していたから、無理がたたってその場しのぎでやったことが不祥事につながっているのですから、無理な仕事を表舞台に登場させてこなければ、本質的な解決にはならないのです。

当初から、無理を承知でやる仕事なのですから、「難題である○○作業をいつまでに安全に遂行完了する」という意思を明確にしていけば、危険であった作業、問題であった作業を成功裏に完了する挑戦行動が起き、前向きのリスクマネジメントが進められるのです。

受け身のリスクマネジメントを進める会社は、それがひとつの経営体質になっているため、また同じことを繰り返しやすいので心配です。

それでは、前向きのリスクマネジメントへのチェックポイントを考えてみましょう。

よりよい「リスクマネジメント」を行なうためのチェックポイント

意思決定された最適案の実行について、次のとおり点検します。

(1) 最適案の採用の前提となった仮説前提と推量を確認する（どんな条件が成り立てば、案が成功す

ると考えたか?)。

⑵案の推進計画が実施項目に分解され、日程化されているかを確認する(何をどんな日程計画で進めようとしているか?)。

⑶目標達成に重大な影響を与えそうな計画領域を確認する(どこがいちばん問題を抱えていそうか?)。

⑷危険領域でのリスクとその発生要因を予測し、対応策を準備する(どんな問題が、なぜ起きるのか? 起きないようにするにはどうすればいいのか?)。

⑸リスクが起きた場合の回復策を準備する(どうすれば、リスクの影響を挽回できるか?)。

⑹外部環境変化がもたらす影響を予測し、対応策を考える(環境変化でどんなまずいことが起きるか? 起きたらどう対処するか?)。

⑺所期の目的を達成するための万全の準備は整っているかを、ゴール到達点まで反復点検する。

7 「自分の意思決定」と「他者の意思決定」をうまく調整する技法

意思決定を行なう場には、必ず他者が存在します。とくに、組織においては、利害が複雑に絡み合い、スムーズな意思決定を阻《はば》みます。上手に人間関係を結びながら「自分の意思決定」を正確に説明できる力、そして、相手をひきつける「人としての魅力」が不可欠です。

「人間の相互の甘え」が意思決定にブレーキをかける

本書を書く前に、編集部に依頼して「意思決定について、何を知りたいですか?」というアンケートをとってもらいました。意思決定の論理的手順を知りたいということに次いで、他人とかかわるさいの意思決定がうまくいかない、という関心事が多数を占めました。あの人と話をすると、どうも波長が合わないということです。

馬が性格の合わない乗り手を嫌うように、人も好き嫌いが激しい動物のひとつです。もともと性格や価値観が異なる人たちが交流するのですから、特定の継続的な関係を求める相手以外については難しいことです。

飛行機のフライト乗務員は、まったくはじめて会った人たちだけでチーム編成をして、海外フライトを往復するように訓練されているようです。徹底した自制心がなければ成り立たない関係です。

人間は、中途半端に長く一緒にいると、こんなはずではなかったのにという相互の甘えの感情が生まれてきます。接触もほどほどならば、あまり気にならないのですが、意思決定の場面では潜在している感情や甘えが表出せざるをえません。権限や権益、慣習などがからみ、ややこしい関係が常態化し増幅してきます。

「性格」は直すものではなく生かすものと心得よ

思考と感情は関連しながら性格を構成しています。行動的／受動的、孤立的／調和的という性格の骨格をなす柱は、本人の感情と思考、また行動という要素を支配すると同時に、これらの要素からも逆に支配を受けています。

心理分析の権威であり、東大式性格分析テストを開発された、松平定康先生によれば、人間の思考パターンは4つの分類が可能で、「直感論理思考」「平面論理思考」「拡散《かくさん》思考」「隔絶《かくぜつ》思考」に分かれるそうです。

すなわち、「直感に頼って論理構築するタイプ」「純粋に論理だけで結論を出してしまうタイプ」「論理に頼らずイメージで関連発想を広げていくタイプ」「あるべき姿という先入観からすべてを判断するタイプ」です。これらの思考方式は、性格に影響を与えると同時に、性格の反映でもあるということを、彼は実証しました。

以前、松平先生にお話を伺ったさい、先生はこういわれておりました。

「人間の性格は変わらない。変えようとするよりも、自分の性格や思考パターンを認識し、同時に他人についても同様の認識をして、なぜ意見が食い違うのかを相互に理解することが大切だ」

「性格は、直すものではなく生かすものである」ということがわかれば、まず何よりも自分が元気になります。自分は、ありのままで立派な人格であり、他人と平等の人格を有しているのです。自分の性格で悩んでいるという相談をしばしば受けますが、私はいつも、「性格は直す必要がありません。ありのままの性格がいちばん美しいのです。自己の性格を肯定して、それが社会に役立つ方法を考えればいいのです」と答えています。

花にもいろいろな美しさがあるように、元来、人間はみ

「自分らしさ」を前面に出せば
きっと何かが生まれる

なそれ自体の美しさをもっているのです。芍薬《しゃくやく》や牡丹《ぼたん》だけが花なのではない、という考えをもつことが、よき人間関係の基礎になります。

思考方法もいろいろあって、それが新しい視点をもち込み、グループで仕事をすると、ひとりでやったのとは比較にならない成果をもたらします。その意味で、グループの意思決定に参加するときには、自分の考えをはっきり述べることが、内容の適不適は別として大切なのです。発言しなければ価値は生まれませんが、ときには駄目な意見も反面教師として貢献できるのです。

他者と関わる意思決定において守るべき「5原則」とは

他人とうまくやろう、他人に合わせていこう、他人に気に入ってもらおう——。こうした言葉には、「私はこうしたい」という主体的意思が欠落しています。まさに幽霊人間がしゃべっているかのようです。小泉首相が、アフガニスタンの支援にお金をもって駆けつけたとき、米国ではクラゲのようだと揶揄《やゆ》されました。主体性なき外交を批判されたのです。

あなたが、逆の立場で考えたときに、いったいどう思うでしょうか。自分の意見をもたない人が寄ってきて、あなたの意見に賛成だといってくれたらうれしいでしょうか。どうせこの人たちは大勢になびく頼りにならない輩《やから》だと思うでしょう。

他人との意思決定の場で守らなければならない鉄則があります。

(1) 自分の意思決定をまず固め、信念をもつ。

(2) 自分の意思決定過程と結論をわかりやすく人に伝える。

(3) 他者の意思決定過程を理解し、相手の立場に立って妥当性を考える。

(4) 意見相違がどの意思決定過程で生じたかの分析を行なう。

(5) 相違する意見を前向きに調整し、新しい合意を生みだす。

これは、どんな意思決定の場においても共通して必要となることで、とくに国際関係での意思決定に臨むときには、欠かせない条件となります、「なりゆき」「様子見」という古い日本の習慣を断ち切り、この鉄則をみずからの習慣としなければなりません。

「自分の意思決定」なくして会議に出るなかれ

様子見や他人合わせで、なんとか自分の立場を保持していきたい。うまく泳ぎまわって、いつも勝ち組のそばにいる。豹変《ひょうへん》するのは恥でない。なぜなら、自分の意見をもっていないのだから胸の痛みもない。勝ち組リーダーの言葉をオウム返しに大きな声でいっていればよい。そんな人が重宝がられているような企業も、いまだに存在します。

どうして、こんなことになるのでしょうか。それは、そのような人を上に登用している人を見れば想像がつきます。その上司も、そうやって上に昇ってきた人たちなのです。自分をもたずに要領だけで上に昇りつめるのも、ひとつの人生のあり方ですから否定はしません。追従《ついしょう》方法についての講義をしてくれといわれれば、1冊の本が書けるでしょう。日本だけでなく欧米にも、いまだそのような文化は色濃く残っています。

あなたが意思決定の正しい方法を身につけたいのであれば、正攻法で行く道を選ぶべきでしょう。誰よりも、論理的かつ合理的な答えを見つけ出し、他人や社会に貢献するという信念をもつべきです。意思決定の基本法則に沿って、自分の意思決定に努めるべきです。自分の意思決定は、自分の自由な世界です。あらゆる角度から目的を設定したり、目標を具体化したり、世にない案を創出したり、思いもよらなかったリスクの登場に驚嘆したり、まさに意思決定は孤独になっても楽しめる創造の世界でもあります。

まずは、自分で考える。しかるのちに自分の不確かなところ、不明のところを他人に質問して、考えをさらに固める。そして、その考えを人に聞いてもらい、素直に議論する。そういう姿勢に抵抗できる人はいません。

まずは、自分自身が、事前に意思決定の準備や検討をしないで意思決定会議に出るのをやめることからはじめましょう。意見がないときには会議に出ない、その場で批評家的な意見をいうくらいなら会議に出ない、ということからはじめなければなりません。召集がかかっても、自分の意見がない会議には出るのをやめましょう。

もし、自分が出席しないまま、意思決定が行なわれて困ると考えるならば、自分の意見をもって出るべきなのです。これは、国内外を問わず、エクセレントの企業では当たり前の礼儀であり、マナーであります。

事例研究㉓ 国際会議の場で問題視され始めた日本人

日本人ビジネスマンの国際的な会議の場でのビジネスマナーが問題視されるようになってきました。お行儀が悪いというのではなく、それ以前の問題として、参加しているのか否かわからない。何も発言せず黙っており、質問されたことだけに答える。会議後に、個人的な会話で、じつは自分は決定に反対なのだという人がいるなど、評価は低くなるばかりです。

欧米人のなかに、東洋人として日本人だけが仲間入りをしていた時代には、あまり表面化していなかったのですが、最近、韓国や中国のビジネスマンが日本人と肩を並べて国際的な場に登場するようになりました。そこで、日本人の寡黙《かもく》さと、意見の優柔不断さ、様子見発言が、ほかの東洋諸国の人たちと比較され、無礼で理解不能であると嫌悪感をあらわにされるようになってきているのです。

決断スピードを争う戦争のような様相を呈《てい》しているビジネスの場でさえ、自分の意見ももたずにクラゲのようになびいてばかりいる日本人には腹が立つというのです。

自分の意思決定を相手にわかりやすく説明する技術

自分の意思決定を説明し、理解してもらうのに役立つのが、「意思決定手順」です。意思決定手順に従って、次のようにわかりやすく説明することができます。

(1) 会議テーマについての状況の把握

案件について、把握している過去、現在の主要な出来事と、将来への推移予測を説明し、何が問題か、何が課題であるかについての認識を述べる。

(2) 決定事項の説明

状況把握から、対策を打って行動すべき課題を決定事項として説明する。決定事項の相互の関連性を説明し、その決定事項が実施されれば、テーマが解決されることを説明する。

今回優先的に取り上げる決定事項について、それぞれの目的を説明する。

(3) 優先決定事項についての目標／狙いどころの説明

今回、優先的に取り上げる決定事項について、何を達成すべきか、何が達成できれば関係者が満足するかについて説明する。目標や狙いどころについては、今後の検討過程でさらに皆の意見を取り入れて質を高めていくものであることをつけくわえる。

(4) 候補案の説明

候補案は、目標を充足する手段であるから、どの候補案がどの目標をよく充足しているかを説明し、自分としての順位づけについて考えを示す。

(5) リスクの説明

有力候補案についてのリスクを公平に分析して説明する。よい案ほどリスクが高いことを示し、リスク対策がリスクを乗り越えられる可能性についての見解を示す。

(6) 自分としての結論の開示

自分が信念をもって提案することを説明する。

ひとりに与えられている発言時間は、短いものです。通常ですと、3分から5分、長くても10分から15分でしょう。一覧できる説明資料が必要となります。なお、会議の進行状況により、今日はどこに重点時間配分を置くべきか、ということも判断しなければなりません。全部を説明する必要はありません。

「他者の意思決定」はどうすれば理解できるか

他人が自分と異なる意見をもつときには、意思決定過程のどこかに相違点があるのです。目的、目標、案、リスクのうち、どの過程で意見が異なっているかを、意思決定手順で分析することができます。

次に、その相違がどんな要因で生じたかを順を追って見ていきます。

多くの相違は、⑴状況把握の相違、⑵立場の相違、⑶価値観の相違、⑷こだわりの相違、⑸実現可能性の予測についての相違、⑹リスクの発生とその影響についての読みの相違、によって生じます。

このような相違は、ないよりはあったほうが好ましいのです。相違がないということは、相手が何も考えていないか、または同じ考えをしているということで、さらによいものを生み出そうとする会議の狙いを満たさないからです。

他人の知識経験や見識は貴重な財産です。意見が異なるときには、裏側に自分が体験したことのない情報がひそんでいるという期待をもてることになります。好奇心が湧《わ》いてきます。

このとき、「この人はどうして、こんなに自分と異なる考え方ができるんだろう」と、羨《うらや》ましく思うことが大切です。何しろ、自分にはそんな考えができなかったのですから。

そのときに、「なぜ?」と疑問に思うだけでなく、自分がもし相手であったとしたらどう考えるだろうかと、自分を相手のなかに入れ込むことが大切です。できれば、感情移入もして、相手の立場で物事を見て実感してみるとよいでしょう。論理だけでなく、共感という感情側面の活用も大切なのです。相手の思考過程を理解するには、相手の性格を把握し、感情の働きも想定して、相手を疑似体験してみようと努力することが必要になります。

芝居の役者になって相手を疑似体験するくらいの気持ちがなければ、相手への理解は進みません。これは、時間のかかることではありません。自分の頭と心を柔らかくしておき、意識的に訓練すれば実行できることです。

相手の立場なら、さらにこの先こう考えるだろうということを予測して、相手が考えそうなことを「こういう考えもありますよね」と話してみます。相手がうれしそうに応答してくれれば、あなたはかなりの理解者です。

この過程では、意見の相違はまったく意識せず、相手の考え方だけに集中していればよいのです。

相手の立場に立って物事を考えることが大事

他者との意見のズレをいかに調整するか

これまでの私の体験では、意見の異なるケースの約7割は、状況把握が共有化されていないことから生じているといってよいでしょう。多くの場合、人間は同じ状況認識をもてば、共通の目的や目標をもつことができます。とにかく、状況認識を出しあって、そんなことになっていたのか、という事実を広く知っていくことが意見の相違を解消するいちばんの方法です。

次にあるのが、立場のちがいによる相違です。立場は、権益構造を裏側にもっています。権益対立は短期的には、どちらかが得をすればどちらかが損をするという同じパイの奪い合いになります。これは、組織が構造改革などでかならず表出してくるややこしい問題です。これについての対処法は、次項で説明します。

価値観のちがいは、ひとりひとりの生き方についての哲学を含んでいます。経営は、多様な価値観を包含して存在していくことができます。むしろ、多様な価値観を歓迎しているのです。ですから、価値観の相違は、お互いに尊敬しあうことによって、一次元上くらいの価値観に向けて目的を統合することができます。

問題は偽《いつわ》りの価値観をいう人です。価値観を隠れ蓑《みの》にして、そのじつ、自分の立場を絶対化し、自己権益に固執する人がいることです。日本のため、会社のため、自部門のため、としかいえない人、自分の生き方についての価値観をたずねると何も出てこない人、社会や他人の幸せについての責任感の希薄な人……。このような人が挙げるもっともらしい偽りの価値観を価値観として認めないことが大切です。このようなケースは、利害対立のケースとして処理すべきでしょう。

あとは、趣味的こだわり的な相違です。これは案について議論するときに出てきます。世の中には、自分の美学的こだわりを捨てられない人がいるものです。どうしても、これだけは製品のなかに入れてくれと主張します。これは、意思決定の受益者である顧客に迷惑をかけない限り歓迎です。大勢に影響はありません。

最後に異なるのが、実現可能性やリスクの発生とその影響についての予測の相違です。予測について意見が異なるというのは好ましいことです。その裏に、知識・経験・情報の相違や、性格による視点の相違があるからです。どの部分で意見の相違が生じているかをつめていくなかで、不足する情報が明らかになったり、推論の論理が確かめられていきます。これも、歓迎すべき相違なのです。

けっきょく、調整の問題でいちばん大変なのが「利害対立の調整」ということになります。

「権益」のカベが組織の意思決定を停滞させる

組織にはびこる利害対立は、組織内で自分の意見を通すさいに立ちはだかるもっとも困難な壁です。これは、歴史に根ざした権益構造にまで遡《さかのぼ》ることが多く、意思決定を行なう当事者だけの力で解決できるほど簡単なものではありません。背後に、自分たちの権益を維持したいという組織やグループ、集団などが控えています。

先述したように、ネットワーク社会では、何でも、どこでも、誰でも、いつでも、必要な情報やモノを手に入れられるようになりました。ネットを上手に使える人が勝者になり、使えない人たちは敗者になりつつあります。このような社会では、これまでの企業や国家の競争力の基盤であった、資金力や資源の大きささそれ自体の力は消失し、知識を上手に使って、人より迅速《じんそく》に、誰よりも顧客にフィットしたものを提供できる人たちが勝利することになります。

これによって、ピラミッド型の大組織をもった世界の大手企業は、従来の姿で存続することが困難になりました。資金力や資源力を抱えていても、組織の構造が機能別タテワリ組織になっていて硬直化していれば、小さくても企業間を越えて機動的に協力しあうバーチャル企業群団に勝つことが難しくなってきたのです。国のボーダーを越えるだけでなく、企業のボーダー、組織のボーダーを越えて連合を組むことが、生き残りの必須条件となったのです。

ところが、大手企業には、生産、開発、販売や、また製品別のタテワリ組織があり、このタテワリ組織が、自部門の伝統的な特権を保有し、これを手離すことを拒むのです。

権益とは、人事、予算、事業などについての意思決定権のことで、自部門がこれまでもっていた権利は何も手放さないという覚悟で、企業全体や顧客に最適と思われる意思決定に抵抗するのです。自部門さえ生き残れれば会社が倒れてもよいというほどの抵抗です。

欧米企業は、1980年代後半からこのような古い権益構造、セクショナリズムを破壊するために、「チェンジマネジメント活動」を徹底的に進め、企業が顧客優先で組織間の協力体制がとれる体質づくりに励みました。

残念ながら、わが国では、チェンジマネジマントが遅れて、組織のセクショナリズムがいまだに根強く残っています。国際的な評価機関は、日本の企業や国の競争力を世界で30位くらいに評価していますが、古い権益構造によるセクショナリズムが残存し、組織内の利害対立が優先して意思決定が遅くなっていると判断しているのです。

こういう根深い問題がありますので、自分ひとりの力では動かしがたいものがあります。しかし、長期的にはこの問題はかならず解決されます。このままでいけば、セクショナリズムを脱せない企業は、かならず凋落《ちょうらく》していくからです。

それを実証したのが、日産のゴーン革命でした。一家主義がはびこっていて身動きがとれずに債務超過におちいっていた企業が、数年でセクショナリズムを排し、顧客志向に集中することで変身を遂げたのです。どの企業も、倒産しない限り、いつかはこの方向に向かって歩みだすのです。

苦境を突破できる人間はみな「超自我」に目覚めている

しかし、第2のゴーン氏が来てくれるのを待っているだけではいけません。自分こそが改革の一翼を担わなければいけないのです。

このような、古い構造との戦いでリーダーシップを発揮するには、相当な力が必要です。どういう力が必要か、それは、自然に多くの人が自分の周りに集まってきてくれるような「人間としての魅力」ということにほかなりません。

人は正直なもので、組織や社会のために私心なく淡々と活動している人の周りには知らず知らずに集まるものです。西郷隆盛は、当時、大変な学問を積んだ学者でもありましたが、学問のない人でも、隆盛に一度目を見つめられると、誰もがこの人に命をかけてついていこうと思ったそうです。隆盛本人は、けっしてリーダーになるという野心をもつことはなく、犬を連れて裏山を散歩するのがいちばんの楽しみだったようです。

私は、このように人が周辺に集まってくる吸引力のある人を「社会性のある人」とよんでいます。

社会とは、他人同士が集まり、接触し、ともに生活したり働いたり遊んだりするところです。時代とともに、社会は地域社会から国際社会にまで広がりながら、重層的に存在しています。個々人は、それぞれいくつもの種類の社会に並行的に参画しています。

では、社会性のある人の根幹的な力はどこにあるのでしょうか。それは「社会に存在している自分の姿を、自分自身で客観的に見ることができる力」だと私は考えています。

社会に生きるということは、他人の生き方と交差するということです。人と人が出会えば、意気投合することもあるし、ケンカすることもあるでしょう。こうしたさまざまな過程において、自分の欲求をすべてに優先させるようであれば、人間関係がいずれ壊れることは必至です。

そこで、相互の関係が存続するような配慮が必要になります。そのとき、取引や交渉だけでなく、他人との人間関係のもち方について、一段高いところから自分を客観的に眺められるもうひとりの自分が必要となります。自分を眺められる自分を、私は「超自我」とよんでいます。

お相撲さんが土俵に上がっているときは、「絶対勝つぞッ」と主観的で高揚した精神状態になりがちですが、家に帰って試合のビデオを見るときには、自分を客観的に見ることができるでしょう。ずいぶんコスカライ手を使ったな、とか、最初から戦意喪失していたな、などとわかります。

それでは、自分を見るもうひとりの自分とは誰なのでしょうか。客観的ということは、個別の利己的な人間を超えて人間としての公平公正な視野をもっているということです。

人の応援者ではなく、人間が全体として幸せになることを願い、ひとつの高みから、自分をも個別の人間として突き放して見られる社会的な人ということができましょう。

これは、口でいうほど簡単なことではありません。しかし、よく内観《ないかん》してみれば、あなたのなかにも、あまりはっきり区別されてはいないかもしれませんが、この「社会的人間」「超自我」は確実に存在しているのです。意識して切り分けて、自己と超自我のモードをギアチェンジできれば、自分の思考過程が制御しやすくなるのです。

このような努力を続けていれば、自分の意思を強くもちながら、同時に社会と調和するための自己制御も可能になり、気がつけばあなたの周りに同志が大勢集まってくることでしょう。利害対立を調整する立場に立つには、多くの人たちからの信頼が得られる「社会性をもった自分」をつくり上げていかなければならないのです。

自分を「客観視」できれば
人としての魅力も増す

事例研究㉔ 旧弊体質を突き崩したＩＢＭの「草の根改革」

ガスナー氏が１９９４年にＩＢＭの社長になったとき、同社の聞きしにまさる官僚制度のひどさに驚きました。すぐに伝統的タテワリ商品主導の組織体制を解体して、市場主導型の体制に切り替え、トップ層の役割も変えて、固い城の壁を破ろうとしましたが、厚い管理職層の壁が立ちはだかり、上からの改革が思うように進展しないと悩んでいました。

あるとき、中堅社員でＳＥ（システムエンジニア）のグロスマン氏が、おかしなことが起きていると上申《じょうしん》してきました。ＩＢＭがスポンサーとなっている北欧の冬季オリンピックの結果を見ようとインターネットでオリンピック委員会のホームページを見たところ、競合メーカーの広告は出ているのに、ＩＢＭの名が出ていないと憤慨《ふんがい》しての上申でした。

正直、そのとき、同社の役員でインターネットを使っている人は誰もいませんでした。本当に初期の段階で、ほとんど普及もしていませんでした。

しかし、ひとりの役員がその話に興味をもち、グロスマン氏にたいし、「インターネットを自社の進めている改革に役立てることはできないか」と聞きました。すると彼は、「各部門の担当者レベルのネットワークや、また顧客とのネットワークづくりにインターネットを使って情報共有を進めれば、上部が情報入手権にすがりついて自己権益を保つ文化が壊せるかもしれない」と述べました。

そこで、さっそくインターネット上で、社内のインターネット仲間集めをすることが許可され、数百人が集まりました。インターネット上で、改革グループが動き出し、同社を改革していく改革宣言文を起草しました。連帯して、バーチャル組織が挑めるターゲットを決めて、情報共有化を草の根で進めていきました。インターネットを使った、新しい業務システムやビジネスモデルも生まれてきました。顧客にも役に立つ情報をどんどん流しはじめました。小刻みに成功事例をつくりながら、気づいて遅れてやってきた上層部にも連帯の手を差し伸べ、手柄は彼らにプレゼントすることによって、縦型組織の壁を徐々に崩していきました。

社の危機にあたって、平凡なひとりの中堅社員の活躍が、ＩＢＭ改革のコアの力となったのです。グロスマン氏は、目立たない平凡な普通の社員でしたが、率直に何でも質問をし、よければすぐ行動に移す社会性のある社員でした。その姿勢が仲間を集め、非凡な改革を生み出していったのです。

エピローグ

意思決定能力を武器にして人生の夢もつかみ取ろう

いまの不安な気持ちは「人生への期待」のあらわれ

前章までは、さまざまな意思決定に活用できる意思決定手順と、その活用のヒントを紹介してきました。ここでは、この意思決定の考え方を参考にしながら、人生という最大の意思決定について考えてみたいと思います。

積極的に前向きに生きようとする意思は、人間誰もがもっていますが、日常生活は、この意思をくじく出来事で満ちあふれています。環境、戦争、不況、財政赤字、リストラ、犯罪、資金繰り、資格試験、健康不安……。挙げればきりのないくらいの心配と不安で取り囲まれていて、どうしてこんな厳しい世の中になってしまったのかと思います。

若い世代が高齢者になったときに、世の中はいったいどうなるのかと考えると、とても深刻になります。とくに、自分を生かしていく職業の機会、生計の立て方にはいつも追い立てられるような気持ちになります。ついつい友達とお酒を飲んだりして気持ちをまぎらす機会が増えますが、やがて寂しき祭りかなで、家路をたどるころには、またもとの不安な心理状態に戻ります。神経症の患者が急増していることにも、現代社会がいかに厳しいものであるかのあらわれです。

「衣食足りて礼節を知る」といいますが、食べるには困らないのにやたらと生きる不安感が増大しているのは、不思議なことです。将来を考えると不安でしようがないという相談を受けることが毎日のようにあります。

この本を読み進めていただいた読者のみなさんのなかには、すでにそのような不安や心配が氷解された方もおられるでしょう。何が不安なのかについて、関心事を挙げてその関心事の状況分析をすれば、自分がやらなければならないことがおのずと浮び上がってきたはずです。

不安と心配についての関心事があるということは、その裏側に自分がこうなりたいと考えていることがあるのです。目的について勉強しましたが、いつまでにこうなりたいという目的があるからこそ、心配が出てきているということに気づいてください。日ごろは、そのこうなりたいという目的が潜在意識のなかに沈潜しているのです。若い人たちと次のようなやりとりをすることがしばしばあります。

「こんな毎日を送っていると、私の将来はどうなるかと心配です」

そうですか。それでは、どんなふうになればうれしいのですか？

「英文経理の資格をとって転職できればと思うんですが、自分には無理かなと思っているうちに時間が経ってしまって……」

ここで、3年以内に英文経理の資格をとると書いてください。これがあなたの現在の人生の第一の目的です。

「ちょっと待ってください。本当に自分がそう確信しているかどうか自分でもわからないんです」

目的というのは、誰にとってもそういうものです。そこで決めてしまう人といつまでたっても決められない人とで差が出てくるのです。100点はいりません。60点であったら、これで決心しなさい。

「強制されたような気がしますが……、わかりました」

もし、別の決心が出てきたら、いつでも変えてよいのですよ――。

不安の下に眠っている夢や希望を書き出し、自分に確認する。そして、ベストではなくても、人生の目的がゼロの状態になっていないように自分を律していくことがとても大切なのです。

「目的」の持ち方しだいで可能性は無限に広がる

人生の目的は、自分の人生を決定づけます。自分が立てた目的以上に自分が発展していくことはまれです。人生の目的は、終着点での目的もあり、そこに至る過程での目的もあります。

終着点での目的は、「夢」と言い換えてもよいでしょう。そこに到達すれば、肉体的にはともかく、精神的には人生を完了したといってもよいほどの目的です。終着目的がないということは、夢のない人生を送っているということになります。一生努力してみても、おそらく到達できそうにないゴールが、人生の目的ともいえるでしょう。大きな夢に挑《いど》みたいものです。

高い夢、大きな夢というと、すぐにお金、地位、名誉を想像する人もいるでしょう。どうしてもそれしか考えられない人はそれでも構いませんが、「人として、よりよく生きたい」と思うならば、名誉や権勢がいかに空虚なものであるかがわかるはずです。多くの人にとっては、名誉や権勢より、自分自身がここまでできたという自己成長の喜びのほうがうれしいでしょうし、また社会に貢献して感謝されたときには、身体から湧き出る至福の喜びを感じるものです。

何事にも挑戦しようという気概が高ければ高いほど、何より自分が興奮するでしょうし、やる気も出てくるものです。今すぐには届かないけれど、いつかは届いてやるぞというラインに当面の到達点を置いておくべきです。

人間のエネルギーは、目的のもちようで無限に広がる気がします。仕事で世界のトップレベルに行かれた方々は、ごく自然に、「自分はこの分野で世界のトップレベルになるんだ」と決めてかかっておられます。自分はトップレベルになる人材であると自己暗示をかけていますので、困難なことが起きても、「これは、自分がトップになる試練である」、あるいは「自分はすでにトップレベルであるから、かならず問題を解決できる」という姿勢で挑戦します。トップだからたじろがないという自己暗示で、いっさい妥協せず、仕事に集中する力をもつようになります。

本田宗一郎氏も松下幸之助氏も、ほかの著名な成功者も、何度も試練のときを過ごしています。彼らを支えていたのは、世界一に挑んでいるという人生の目的から湧き出る無限のエネルギーでした。うまくいかない日が続くとき、宗一郎氏は庭にある五右衛門風呂に深夜つかりながら、満天の星を眺め、「今日の自分は自分に恥ずることなきか？」と毎晩問い続けていたそうです。

目標は高く掲げけっしてダウンさせるな

テニスの杉山愛選手は、着実に世界ランキングを上げてきています。パワフルな外国選手を相手に、あの体格でどうしてあそこまで登っていけたのか、驚嘆に値します。

彼女が新聞インタビューに答えて、もうこれ以上は行けないかもしれないと思い悩んでいたときに、これまでやってきた精神的鍛錬、身体的鍛錬にくわえて、一流の音楽や絵画に触れ、そこから新しいインスピレーションを感じ、また順位が上がっていったと述べていました。世界のトップに残るためには、精神的、身体的目標にくわえて、最高峰を極めた人の感性というが目標がくわわっているのでしょう。

イチロー選手や松井選手のインタビューのなかで彼らが繰り返すのは、「記録は関係ありません。ファンの期待に応《こた》えるために、昨日より今日がまた新しくなっていなければならないのです」という言葉です。一流とは、平凡を超えた、ある心的な領域（ゾーン）に入り込んでいくことのように思えます。

「ローマは一日にしてならず」――。目指す人生の到達点は、いくつもの高い目標をクリアしてはじめて実現できます。目標は、目指す分野のトップクラスをターゲットに置いて、知識レベル、経験レベル、技術技能レベル、身体レベル、心理レベルなどに分解し、それぞれの関心事を挙げて状況分析した結果を、達成事項として確定すべきです。

このとき、あまりの目標の高さに驚いて、自分の力ではとうてい無理だと思いこみ、絶望感にとらわれてしまうこともあるでしょう。自分の今の姿と距離がありすぎると思うのです。

しかし、そこに書かれている目標は、人生の目的を実現する条件ですから、この目標を受け入れなければ目的そのものを否定することになるのです。ここが頑張りどころです。目標は下げることなく、行き先の目印として受け入れなければなりません。

時代の「すき間」に照準を定めよ

目標達成を、先輩諸氏と同じ方法で実現しようとしても、それは最適案にはなりません。よくても追いつくことができるだけです。カネもない、ヒトもいない、技術もない、経験もない、時間もない……とナイナイ尽くしですから、やはり駄目かとあきらめたくなります。どうして自分はこんなに才能や環境に恵まれていないんだ、と親を恨《うら》んだりしてみたくなることもあるでしょう。しかし、ここで思い出してほしいのは、あなたには誰よりも強い味方がいるということです。

その味方こそ、〝世の移り変わり〟という万物流転の法則です。「祇園精舎《ぎおんしょうじゃ》の鐘の音、諸《しょ》行無常《ぎょうむじょう》の響きあり」ということです。考えてみれば、栄華を誇った英雄たちも、悲惨な最期を遂げた人たちが多く、ずっと帝王の座にとどまり続けた人はきわめて少ないのです。時間の変化に合わせて自分を変えていくことは、成功し、立場をつくり上げてしまった人にとっては、自分を一度破壊し、再構築することが必要なだけに、後発者の倍の努力がいるのです。

そこで、時代を先取りする案を考えていくことは、後発者の基本原則となります。

では、どうすればよいのでしょうか。「人の行く裏に道あり花の山」というリコー創業者の市村清氏の句が暗示するように、「人と同じことをやらない」という決意がまず必要になります。そのためには、先ほど述べた目標設定に、「他人がまだ手がけていない分野、領域であること」、もうすこし分解すれば、「新しい技術の発展の流れ、市場の発展の流れ、社会の発展の流れをつかんでいること」とくわえる必要があります。この目標によって、あなたは、到達点への道に絡む新しい技術、市場、社会の流れにたいして、誰よりも敏感な情報収集行動をとることになるのです。

東京の臨海地区に最近増えている億ションの購買者の半数以上が、40歳前後以下の若手事業家や芸術家だそうですが、ネット時代に創業の機会をうまくとらえて立ち上がった人は多いし、ネットの本当の効果はこれからが本番です。

このように目標を設定すれば、自分の身体が、将来の波に向けて蠢《うごめ》いている人たちの集まる場に自然に向かうようになります。毎晩、同じ会社の同じ仲間と酒を飲んでボヤクという不健康な状態を脱して、前へ進んでいく仲間たちとの人間のネットワークができあがっていくのです。

目標に向かってひた走れば あなたは一変する！

目標に沿って適切な案を見つけ出す行動は、宝探しをする探検家の歩みに似ています。方向は決まっていても、どこの洞窟に宝が埋まっているかは、試行錯誤して進まなければなりません。先人の足跡を探したり、ボロボロの案内地図の暗号を解いたり、もしかして密林の鳥が導いてくれるかと期待したりして、一喜一憂しながら進むことになります。目標が、社会の流れ、技術の流れ、市場の流れに適合している限り、いずれ事は成就します。すべては、あきらめずに探索行動を続けられるか否かにかかっています。

ここで執着心の差が出てきます。先が見えていないのに歩くのは嫌だと考えるか、方向は正しいのだから歩き続けようと思うかの差で、最後に成功者と脱落者が決まってくるのです。苦しいと思わない人はいないと思います。

女子マラソンの優勝者たちは、毎日毎日厳しい高地でトレーニングを続けますが、泣きながら、でも何かよりよい走りを体得できないかと走ることをやめません。

しかし、そんな辛さに耐えていると、ときに、なぜ自分はこんなに苦しい思いをしなければならないのか、と自分を問い詰めたくなるときがあります。銀座の夜を楽しんでいる友達が羨ましくなります。

そのとき、「なぜ？」と自分を見つめる目線が生まれます。それが、「超自我」です。超自我に触れることは、「自分を超えること」です。そうだ、自分のためだけにやっているのではない。自分が自分を超えて、社会と一体化する実感が湧いてくるのです。

松井やイチローや杉山の鬼気迫る心のゾーンは、そこまで苦しみぬいた果てに生み出されたものなのです。これが、「社会性」と私が定義している価値観です。楽して要領よくという世界とはまったく対極に位置する世界観です。また、恨みと妬《ねた》みから見返してやるという反骨精神とも異なります。

人と社会が自分を支えてくれているからこそ、苦しみが喜びに昇華していくのです。この心境に達すれば、目標を目指す旅は、自分の心と行動の習慣になっているはずです。

◉意思決定について、ご相談・ご質問のある方は、左記のメールアドレスまでお気軽にお問い合わせください。
nakajima＠kepner-tregoe.co.jp

夢新書のマスコットは〝知の象徴〟と
されるフクロウです（マーク：秋山 孝）

意思決定を
間違わない人の習慣術

2003年10月5日　初版発行

著者——中島 一
発行者——若森繁男
発行所——株式会社河出書房新社
〒151-0051 東京都渋谷区千駄ヶ谷2-32-2
電話(03)3404-1201(営業)
http://www.kawade.co.jp/
企画・編集——株式会社夢の設計社
〒162-0801 東京都新宿区山吹町261
電話(03)3267-7851(編集)
装幀——印南和磨
印刷・製本——中央精版印刷株式会社

ISBN4-309-50277-6